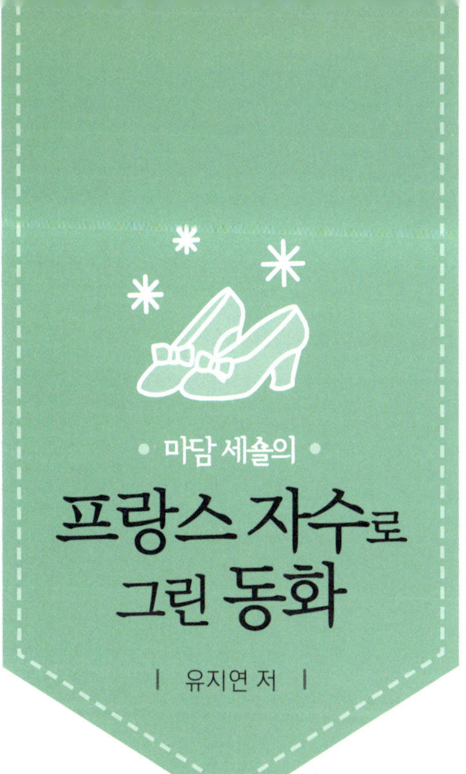

마담 세솔의

프랑스 자수로 그린 동화

| 유지연 저 |

• 마담 세숄의 •

프랑스 자수로 그린 동화

| 만든 사람들 |
기획 실용기획부 | **진행** 신은현 | **집필** 유지연 | **편집·표지 디자인** 원은영 | **사진 촬영** studio lux | **장소협찬** 공간 년수
본문 사용 폰트 폰트 저작권자 123RF (123RF.COM)

| 책 내용 문의 |
도서 내용에 대해 궁금한 사항이 있으시면
저자의 홈페이지나 아이생각 홈페이지의 게시판을 통해서 해결하실 수 있습니다.

아이생각 홈페이지 www.ithinkbook.co.kr
아이생각 페이스북 www.facebook.com/ithinkbook
디지털북스 카페 cafe.naver.com/digitalbooks1999
디지털북스 이메일 digital@digitalbooks.co.kr
저자 이메일 ceciol@naver.com
저자 블로그 blog.naver.com/ceciol

| 각종 문의 |
영업관련 hi@digitalbooks.co.kr
기획관련 digital@digitalbooks.co.kr
전화번호 (02) 447-3157~8

/ 꿈을 수놓는 프랑스 자수

소녀 시절 읽은 동화책은 이야기보다는 이미지로 남아있습니다.
그 이미지는 이후에도 제 삶의 순간마다 영향을 끼쳤고, 계속해서 저를 성장하고 꿈꾸게 해주었습니다.
저도 모르는 사이 저는 동화와 함께 자랐다고나 할까요?

저에게 프랑스 자수는 마치 동화 같습니다.
프랑스 자수는 반복적이고 바쁘게 흘러가던 일상에 어느 한 순간 느림을 선물해주었습니다.

이야기의 끝을 궁금해 하며 책장을 넘기던 어린 날처럼
여기까지만, 조금만 더! 하는 설레는 마음으로 실을 꿰고 완성하게 하지요.
어린왕자의 머리 위를 스치는 바람, 마법사의 신비한 모자 색깔, 인어공주와 함께 놀던 해마와 불가사리들.
수를 놓다 보면 잊고 있던 동화 속 친구들이 궁금해집니다.

동화책을 보고 꿈을 꾸던 소녀가 어느덧 자라 아이들에게 동화책을 읽어주는 엄마가 되었고,
이제는 어린 시절 추억 속 주인공들을 프랑스 자수로 수놓습니다.
연필을 깎고, 공책을 펼치고, 밑그림을 그리면서 다시 한 번 나만의 동화를 상상합니다.
색연필을 고르듯 실을 고르고, 마술 지팡이 같은 바늘로 한 땀 한 땀 수를 놓으면서….

이 책에서는 제가 특별히 좋아하는 동화 세 편을 골라 작업했습니다.
머릿속에 떠오르는 많은 장면들을 조합하고, 다시 배치하는 건 힘들지만 즐거운 작업이었어요.

이 책을 접하게 되는 수많은 독자 여러분도 동화 속 장면, 장면을 수놓으면서 즐거운 시간을 보내신다면 좋겠습니다.
이 책이 긴 호흡으로 읽는 동화가 되었으면 합니다.

동화와 상상, 그리고 즐거운 꿈을 수놓는 시간이 되길 바라며…

READING, DREAMING AND STITCHING

엘레강스 가든에서 마담 세숄, 유지연

CONTENTS

프랑스 자수를 시작하며 1

기본 스티치 배우기 2

3 동화 자수의 세계로

1 프랑스 자수를 시작하며

#1

프랑스 자수의 재료와 도구

완성된 작품을 보는 즐거움만큼이나,

작품을 만드는데 필요한 도구를 찾고, 갖추고, 사용하는 즐거움도 큽니다.

작품에 꼭 맞는 재료와 도구들이 있으면 작업은 더욱 풍성해지기 때문이지요.

프랑스 자수에서 재료와 도구는 아름다운 작품의 좋은 친구입니다.

그럼 "실로 그리는 그림"인 프랑스 자수의 재료와 도구에는

어떤 것들이 있을까요?

01 자수원단

원단은 자수에서 도화지에 해당합니다. 그래서 무늬 없는 무지 원단에 수를 놓는 경우가 가장 많아요.

원단의 종류 거의 모든 원단을 사용할 수 있지만 자수용 원단으로는 천연 섬유인 퓨어린넨(마100%), 하프린넨(면+마), 광목(면 100%), 무명(면100%) 등을 주로 사용합니다. 거즈나 손수건같이 올이 성글고 얇은 원단에 수를 놓을 경우 자칫 울거나 찢어지기 쉬우니 조심해야 해요. 천연섬유는 수축이 일어날 수 있으므로 반드시 먼저 세탁한 후에 수를 놓으세요.

원단의 컬러 컬러에는 제한이 없으나 초보자의 경우 흰 원단을 사용하면 뒷부분에 정리되지 못한 실이 비칠 수 있으니 주의해야 합니다. 연갈색의 내추럴 원단은 가장 무난한 선택이에요. 어떤 색의 자수실과도 잘 어울리고, 자연스러우면서 세련된 느낌을 표현할 수 있어 많은 사랑을 받고 있습니다. 또한 파스텔 톤의 원단을 사용하면 자수실 컬러를 고를 때도 수월하고 사랑스러운 느낌을 더욱 잘 표현해 줄 수 있어요.

02 자수실

원단이 도화지라면, 자수실은 물감이라고 할 수 있어요. 다양한 컬러와 종류가 있어서 자수의 질감을 섬세하게 표현할 수 있습니다.

실의 재료에 따른 분류 면사, 린넨사, 울사, 실크사, 메탈릭사 등으로 구분되며 프랑스 자수에서 가장 많이 사용되는 실은 면25번사입니다. 십자수에서 주로 사용하는 실이지요. 충분히 연습하신 후 울사나 린넨사 등 다양한 실에 도전해보세요.

굵기에 따른 분류 25번사, 12번사, 8번사, 5번사, 4번사 등이 있으며 숫자가 작을수록 실이 굵어지고, 숫자가 클수록 실이 가늘어집니다.

면25번사는 한 타래에 8m짜리 가는 실 여섯 가닥을 느슨하게 꼬아 한 줄로 만들어 놓은 실이에요. 표현하고자 하는 자수 이미지에 따라 가닥수를 달리할 수 있어 편리합니다. 보관하실 때는 보빈(실패)에 감아 라벨을 함께 끼워두세요. 작업할 때나 같은 색상의 실을 다시 구입해야할 때 유용합니다.

03 자수바늘

자수바늘은 붓 역할을 합니다. 자수바늘은 실이 통과하는 길을 만들어주는 역할을 하기 때문에 실을 굵게 사용할 때는 굵은 바늘을, 가늘고 섬세하게 표현할 때는 가는 바늘을 사용하세요. 실의 굵기에 맞는 바늘을 사용해야 실의 광택이 사라지지 않고 예쁘게 표현됩니다.

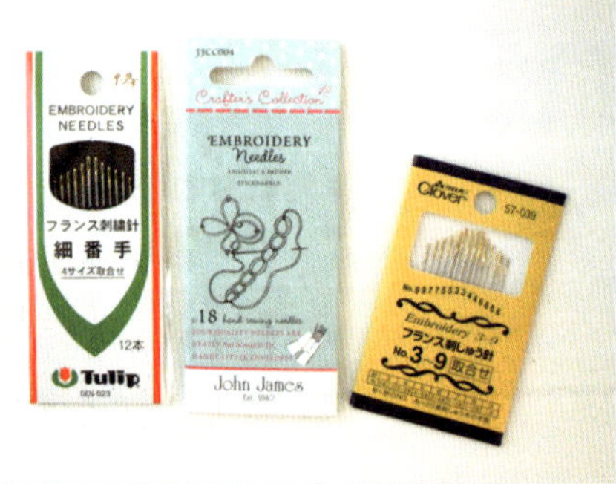

프랑스자수용 바늘 끝이 뾰족하고 실을 꿰기 쉽게 바늘귀가 가늘고 긴 것이 특징입니다. 십자수나 입체자수용 바늘은 끝이 뭉툭합니다.

바늘의 굵기 호수로 표시해요. 숫자가 클수록 가늘고 짧은 바늘, 숫자가 작을수록 굵고 긴 바늘이에요. 자수실의 굵기와 가닥수에 맞추어 바늘을 구분해 사용하세요.

04 수틀

두 개의 링 사이에 수놓을 원단을 끼운 후 조여주면 원단을 팽팽하게 만들어주는 역할을 합니다. 팽팽해진 원단은 바늘이 더 쉽게 드나들 수 있을 뿐 아니라, 원단의 구김을 막아 자수의 면이 더욱 고르게 표현됩니다. 수틀을 반드시 사용해야 하는 건 아니지만, 면을 채울 때는 수틀을 사용해야 더 깔끔하고 완벽한 작품을 완성할 수 있어요. 초보자의 경우 10~12cm 크기의 원형 수틀을 이용하면 한 손에 잡기 편리하고, 작은 모티프를 놓기에도 좋아요.

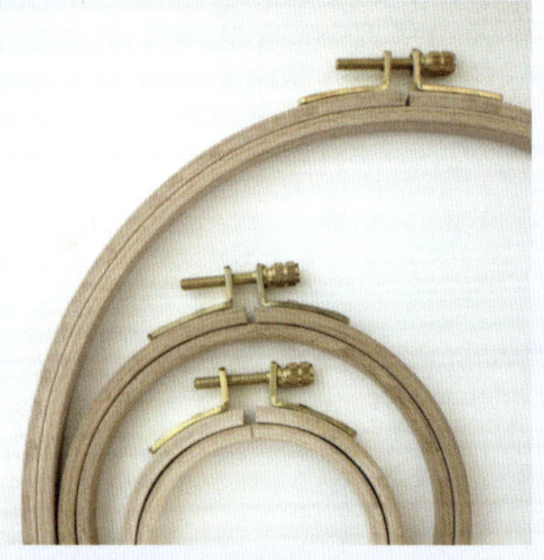

05 패브릭 전용 펜

원단에 밑그림을 그릴 때 사용합니다. 수를 놓은 후 지울 수 있는 전용 펜을 사용하면 자국이 남지 않아요.

수성펜 물이 닿으면 지워지는 펜입니다. 자수를 놓은 후 작품을 물에 담갔다 꺼내면 펜이 깨끗하게 지워집니다. 짙은색 원단에는 흰색 수성펜을 사용하세요.

기화성 펜 밑그림을 그린 후 일정 시간이 지나면 잉크가 공기 중으로 기화됩니다. 펜 자국을 지우기 위한 작업이 필요 없지만 빨리 완성하지 않으면 도안이 사라져 낭패를 겪을 수 있겠죠?

열펜 열을 가하면 잉크가 지워지는 펜이에요. 수를 놓은 후 뒷면에 다림질을 하거나, 드라이기 등으로 열을 가하면 펜 자국이 지워집니다. 다만 진한 원단에 사용할 경우 자국이 남을 수 있으니 주의해서 사용하세요.

열 전사펜 도안이 그려진 트레이싱지를 뒤집어 도안을 따라 그림을 그린 후, 그린 면 위에 원단을 대고 다림질을 하면 원단에 도안이 전사되는 펜입니다. 주로 두꺼운 원단에 많이 이용하지만 작품을 완성한 후에 잉크가 완전히 지워지지 않고 흐릿해지기만 하니 참고하세요.

06 먹지와 골필

원단에 밑그림을 옮겨 그릴 때 사용합니다. 수를 놓은 후 지울 수 있는 수성용 먹지를 사용하면 자국이 남지 않아요.

수성용 먹지 세탁하면 도안 자국을 지울 수 있어 깔끔합니다. 하지만 두꺼운 원단이나 일부 린넨 원단에는 잘 그려지지 않는다는 단점이 있으니 도안을 옮기기 전 동일한 원단에 테스트 후 사용하세요.

일반 먹지 가격이 저렴하고 구하기 쉬운 반면, 작품 후 도안에 남은 자국을 지울 수 없다는 단점이 있습니다. 그릴 때 힘을 약하게 주어 먹이 너무 진하게 묻어나지 않도록 주의합니다.

골필 먹지를 대고 도안을 그릴 때 사용하는 끝이 둥근 펜입니다. 없을 경우 볼펜을 이용하셔도 괜찮아요.

07 가위와 실뜯개

가위는 용도 별로 따로 쓰는 것이 좋습니다. 특히 원단 가위와 자수 가위는 종이를 자르는 등 다른 용도로 쓰면 날이 무뎌지기 쉬우니 꼭 구분해서 사용하세요.

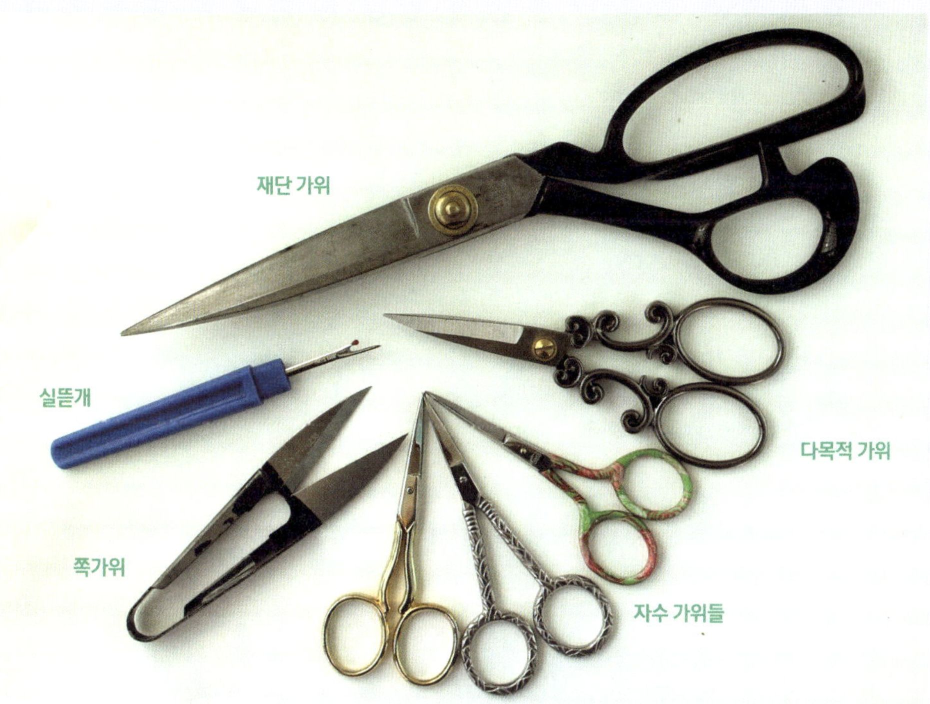

자수 가위 실을 자르고 매듭을 정리할 때 사용해요. 작고 길이가 짧으며 가윗날 끝이 뾰족한 편이에요. 예쁜 자수 가위를 소유하는 것도 자수의 즐거움을 배가 시켜주지요. 휴대와 사용이 간편한 쪽가위도 훌륭한 도구입니다.

다목적 가위 크기는 자수가위와 재단 가위의 중간입니다. 소품을 만들기 위한 조각 원단을 재단할 때 씁니다.

재단 가위 커다란 재단 가위는 가위의 왕입니다. 큰 원단을 자를 때만 사용하세요.

실뜯개 잘못 놓여 진 땀을 뜯어야 할 경우 유용하게 사용됩니다.

08 자

주로 재단할 때 사용하지만 도안을 그릴 때도 꼭 필요해요. 격자가 인쇄되어 있는 모눈자는 정확도를 높여주고, 시간을 절약하는데 도움을 줍니다.

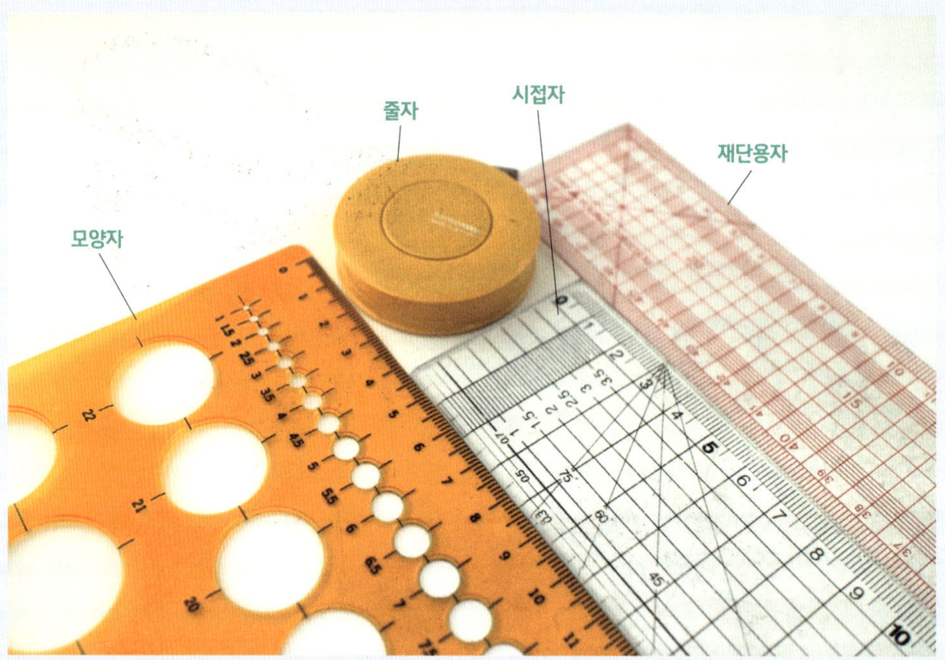

줄자 말려들어갈 때 촤르륵 소리를 내는 것이 매력적인 줄자. 휴대가 간편하지요. 큰 작품을 만들 때나 작업 전 미리 치수를 재야할 때 사용합니다.

시접자 시접(7mm)선이 그려져 있는 자를 말합니다. 작은 자는 휴대도 간편하고 사용도 편리해 반짇고리에 꼭 한 자리를 차지하고 있어요. 7mm선 이외에도 5mm 선이 그려져 있어 수평선을 그릴 때 좋습니다.

재단용 자 바느질에서 재단은 정확도가 생명입니다. 원단에서 미끄러지지 않도록 자를 밀착할 수 있는 것이 좋습니다.

모양자 꼭 필요하진 않지만 다양한 크기의 원, 사각형 등을 그릴 때 유용합니다.

09 보빈과 보빈함

보빈 타래로 판매되는 실을 사용하기 편하도록 감아 보관하는 실패를 말합니다. 25번사일 경우 작은 플라스틱 보빈을, 5번사처럼 굵은 실을 감을 때는 조금 큰 나무 보빈이나 종이보빈을 사용하세요.

보빈함 실을 감은 보빈을 정렬하여 보관합니다. 보빈을 눕혀서 정리하시면 실의 컬러를 한 눈에 보기 편합니다.

10 비즈, 레이스, 단추

자수실과 함께 사용하면 작품을 더욱 사랑스럽게 만들어주는 재료들입니다. 너무 많이 쓰는 것보다는 센스 있게 포인트로 사용해보세요. 레이스로 수틀을 꾸미면 예쁜 소품으로도 활용할 수 있어요.

11 그 밖의 도구들

다리미 작품을 완성한 후 다림질로 구겨진 원단을 펴주세요. 다림질 하나로 작품 분위기가 물씬 달라져요. 원단의 종류에 따라 적절하게 온도를 맞추어 사용하세요.

시침핀 입체자수나 자수 소품을 만들 때, 도안을 그릴 때 꼭 필요합니다. 머리에 구슬이 달린 것을 사용하면 바늘과 구분이 쉽습니다.

골무 고무 재질과 철 재질, 가죽 재질 등 다양한 골무를 이용하시면 두꺼운 원단에 수놓을 때 유용합니다.

#2

자수 전·후의 작업들

처음 자수를 접하시는 분들은

낯선 용어와 낯선 도구들에 긴장하기 마련입니다.

누구나 처음은 있기 마련이지요. 이 책을 천천히 읽어보면서,

한 땀 한 땀 정성스레 수놓는 연습을 하다보면

어느새 예쁜 꽃을 수놓고 있는 자신을 발견하실 수 있을 거예요.

01 선세탁

내추럴 원단들은 세탁하면 수축되니 조금 넉넉히 준비하시고 작업 전 반드시 선세탁을 하신 후 사용해주세요.

01 넉넉히 준비된 원단을 미온수에 20분 정도 담가둡니다.

02 원단을 꺼낸 후 타월 사이에 넣어 물이 떨어지지 않을 정도로만 꾹꾹 눌러주세요. 이때 절대 비틀어 짜지 마세요!

03 원단을 펼쳐 씨실과 날실이 직각으로 교차되도록 결을 정리하여 그늘에서 말립니다.

04 살짝 습기가 남아있을 때 결을 다시 정리하면서 뒷면 → 앞면의 순서로 다림질합니다.

*** 천 가장자리는 올이 풀리기 쉬우니 자수 전 감침질이나 오버록 작업을 해두시면 더욱 좋아요.**

02 도안 옮기기

도안을 옮기는 방법은 라이트박스를 이용하는 방법, 전사펜을 이용하는 방법, 먹지를 이용하는 방법 등이 있습니다. 여기서는 가장 많이 쓰이는 먹지 이용법을 소개해볼게요.

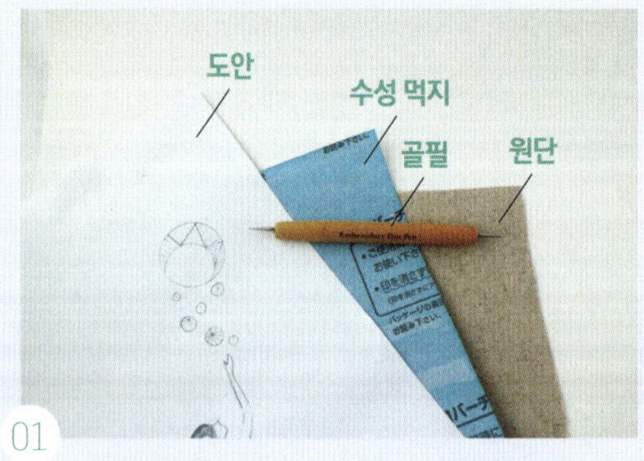

01 원단, 수성 먹지, 도안(도안을 복사하거나 트레이싱지에 옮겨 그리세요.), 골필을 준비하세요.

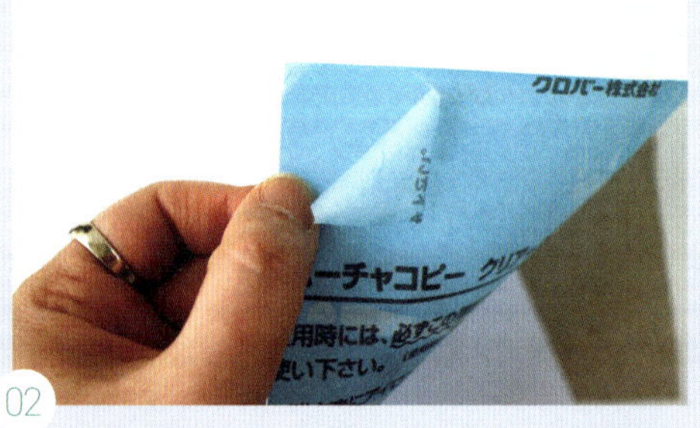

02 수성 먹지의 경우 먹이 있는 쪽에 보호용 필름이 있어요. 조심스럽게 필름을 벗겨줍니다.

03

원단에 도안을 올려 그릴 위치를 정한 뒤, 원단과 도안이 움직이지 않도록 시침핀으로 고정해줍니다.

04

원단과 도안 사이에 먹지를 끼우세요(원단 → 먹지 → 도안 순서). 이 때, 먹지는 먹이 있는 쪽이 원단과 맞닿게 해야 합니다.

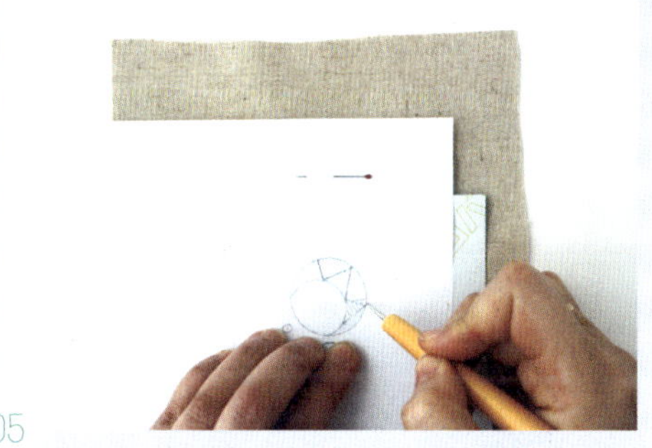

05

골필(없을 경우 볼펜을 사용하세요.)을 이용하여 도안을 따라 그립니다. 중간 중간 먹지를 들어 도안이 잘 그려지고 있는지 확인하세요.

06

빠진 부분이 없는지 확인 후 시침핀을 뺍니다.

07

도안이 너무 흐리게 옮겨졌다면 수성용 펜으로 덧그려 주세요.

* 작은 꽃이나 잎사귀들은 기준선(원이나 점 등)만 옮긴 후 설명 사진을 참조하면서 수를 놓는 것도 좋습니다.
* 진하고 어두운 색의 원단은 흰색이나 노란색 먹지를, 옅은 색의 원단엔 파랑색이나 빨간색 먹지를 사용하세요.

03 원형 수틀 사용하기

01

원형 수틀은 링 모양을 한 두 개의 틀이 겹쳐져 있어요. 조임 나사를 풀어 링을 두 개로 분리하세요.

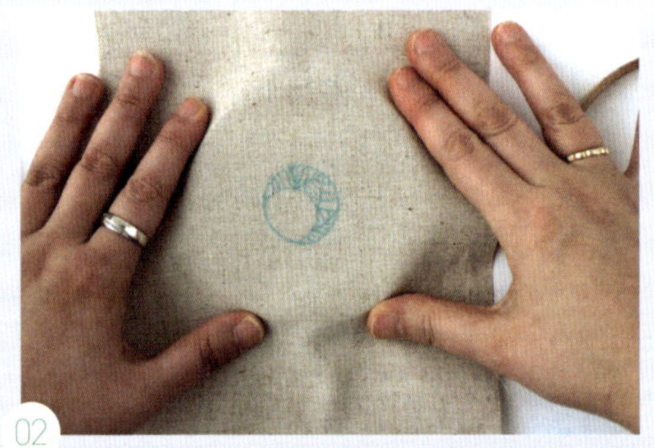
02

작은 틀을 내려놓고 그 위에 도안이 그려진 원단을 올려놓습니다.

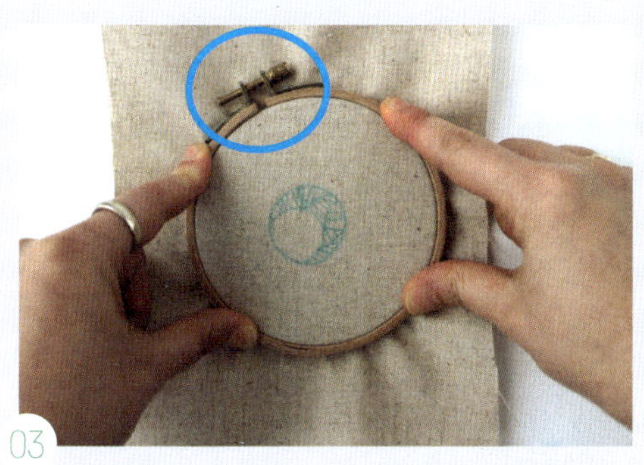

03

나사가 있는 큰 틀을 위에서 눌러 끼웁니다. 이때, 원단의 올이 일그러지지 않도록 조심하세요. (나사의 위치는 자수를 놓으면서 수틀을 잡는 손 쪽에 가야 실이 나사에 걸리지 않습니다. 오른손잡이의 경우 9~11시 방향이 되겠죠?)

04

나사를 적당히 조인 후, 원단을 뒤로 당겨 팽팽해지면 다시 한 번 나사를 꽉 조여 줍니다.

05

다시 한 번 원단의 올을 정리해 줍니다. 수틀은 수를 놓으려고 하는 부분에 왼쪽 손가락이 닿도록 끼워주세요. 왼손으로 보조하면서 수를 놓으면 쉽고 깔끔하게 수를 놓을 수 있어요.(오른손잡이 기준)

04 실 준비하기

01

실은 타래 아래쪽에 있는 실 끝을 잡고 당기면 엉키지 않고 풀 수 있어요.

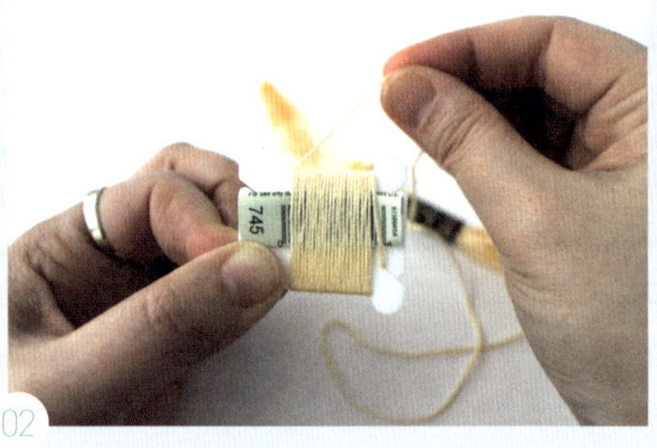
02

보빈에 라벨을 붙인 후 실을 감아주세요.

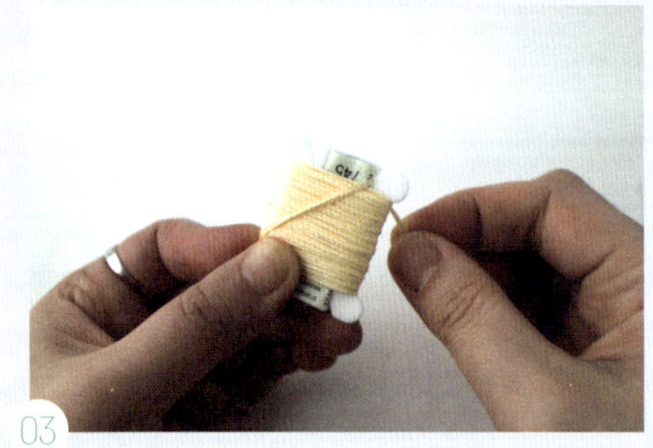
03

다 감은 후에는 실의 끝을 홈에 끼워주세요.

04

보빈함에 보관할 때는 색상이 보이도록 보빈을 옆으로 눕혀 보관하시면 컬러를 선택할 때 편리하겠죠?

05

올을 뽑고 남은 실은 세로 방향으로 감아두시면 다음에 쓰기 편리해요.

05 실 자르기

실은 50~60cm 정도로 잘라 사용합니다. 실을 너무 길게 사용하면 원단을 통과하면서 광택을 잃기 쉽고 또 잘 엉켜서 작업을 지연시키기도 합니다. 실은 한쪽 끝을 잡고 자신의 팔꿈치까지 오는 위치에서 조금 길게 자르시면 적당합니다.

* 울사나 광택이 있는 펄 코튼의 경우에는 그보다 더 짧게 실을 자르시는 것이 좋아요.

06 실의 굵기와 바늘 호수 선택

자른 실을 필요한 가닥만큼 뽑습니다. 한꺼번에 여러 가닥을 뽑지 말고 한 올씩 풀어서 사용하면 자수가 훨씬 부드럽고 꼬임도 덜해요.

이때 바늘의 굵기는 실의 굵기(가닥 수)와 비례합니다.

프랑스자수바늘	면25번사	펄 코튼사 (한 가닥)
8, 9호	1~2 가닥	-
6, 7호	3~4 가닥	12번사
4, 5호	5~6가닥	8번사
3호	6~8가닥	5번사, 4번사

소프트코튼 4번사
펄코튼 5번사
펄코튼 8번사
면 25번사

07 매듭짓기

1. 바늘에 실 꿰기

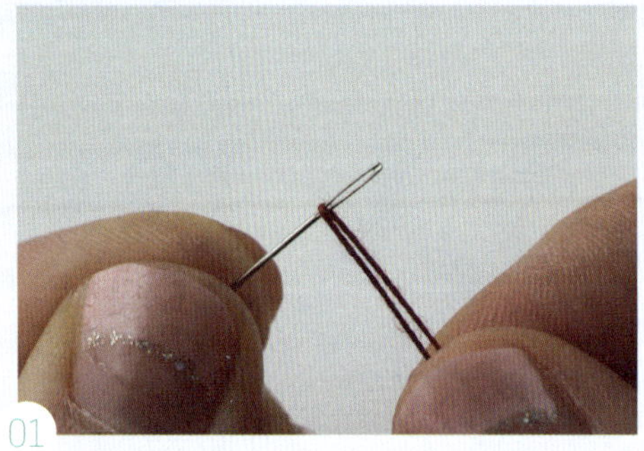

01

왼손으로 바늘을 잡고 오른손으로 실 끝을 바늘귀에 감아 접어 고리를 만듭니다.

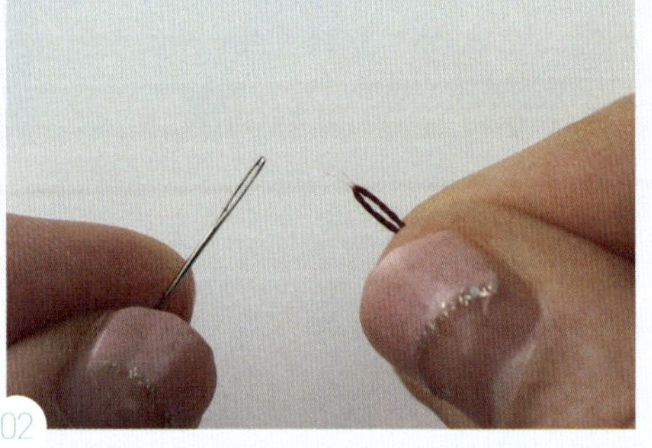

02

접힌 부분을 오른쪽 엄지와 검지 사이에 꼭 쥐고 바늘을 뺍니다. 실이 뾰족하게 접혀있나요?

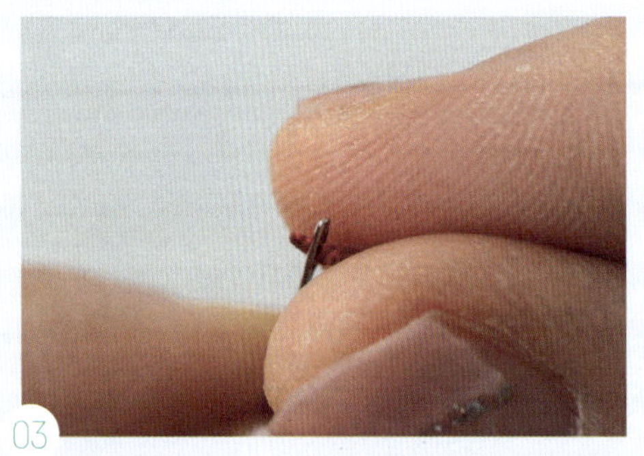

03

뾰족한 쪽을 쥐고 바늘귀를 오른쪽 손가락 사이에 넣은 후 천천히 벌리면 실이 꿰어집니다.

04

꿰어진 쪽을 잡고 당겨 실을 뺍니다.

2. 시작매듭 짓기

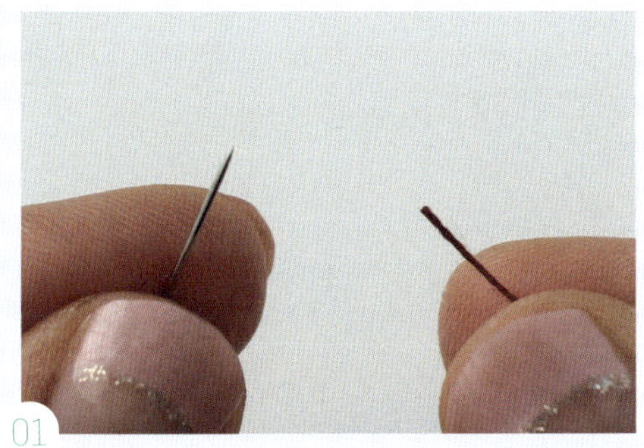

01

왼손에 바늘을 잡고, 오른손엔 실의 긴쪽 끝을 잡으세요.

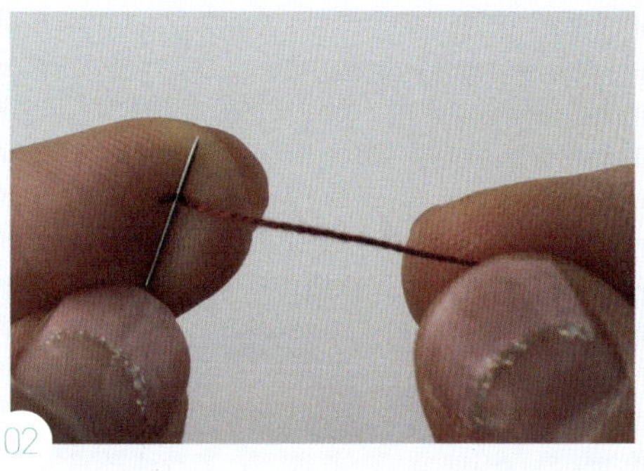

02

바늘 끝과 손가락 사이에 실을 끼웁니다.

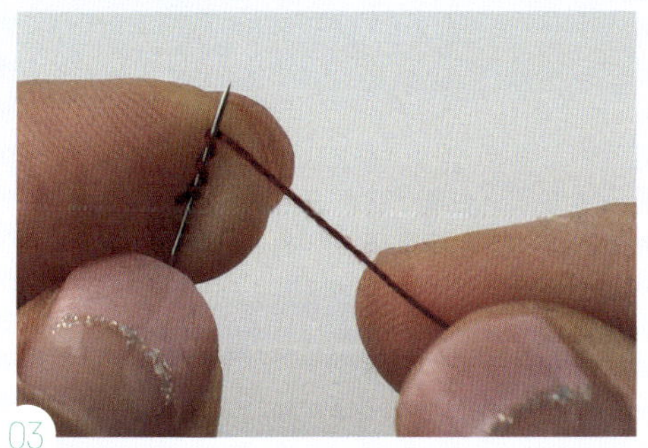

03

실을 2~3회 감아주세요.

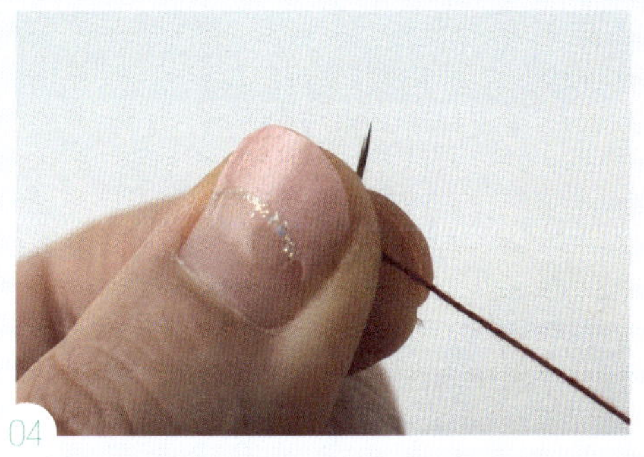

04

감긴 실을 왼손 엄지와 검지로 꼭 잡습니다.

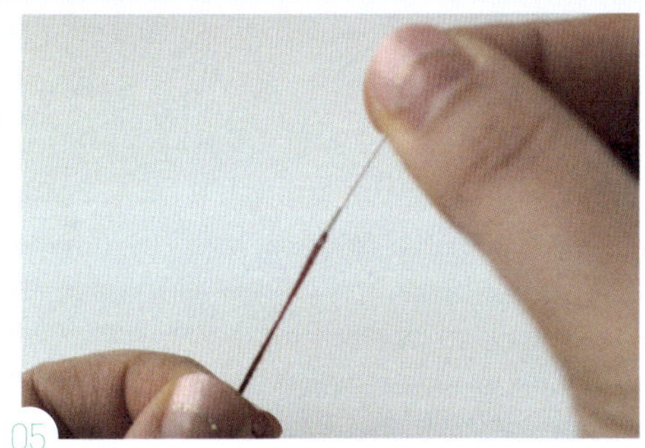

05

바늘 끝을 밀어 실을 빼줍니다. 매듭을 놓치지 않도록 끝까지 잡고 계세요.

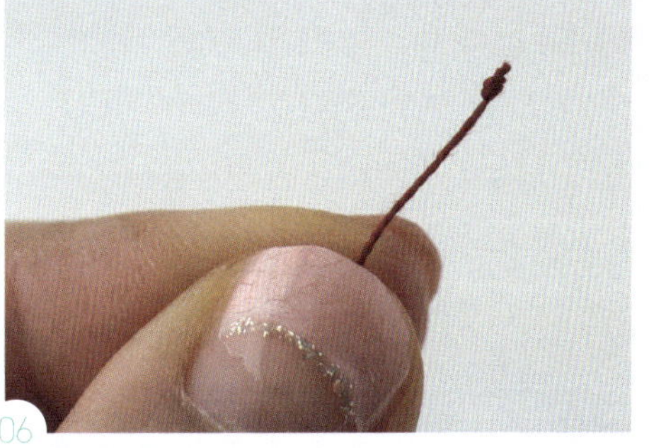

06

매듭 완성

3. 마무리 매듭 짓기 마무리 매듭은 풀리지 않도록 뒤쪽에 있는 실을 잘 정리해주어야 합니다. 매듭 후 실 끝을 숨겨주는 것이 습관이 되어야 해요. 스티치가 끝난 실은 실을 뒤쪽으로 빼줍니다.

< 선을 수놓은 경우 >

01 가까운 땀에 바늘을 통과시킵니다.

02 고리를 걸어 묶어줍니다.

03 가까운 땀을 여러 번 휘감아 실 끝을 숨겨줍니다. 실을 잘라 마무리하세요.

< 면을 수놓은 경우 >

01

가까운 땀의 안쪽으로 4~7올 정도 바늘을 통과시킵니다.

02

끝부분에서 1~2올을 남긴 후 되돌아 통과합니다.

03

남은 실이 넉넉하다면 한 번 더 통과 시킵니다.

04

실을 자릅니다.

08 자수 후 마무리하기

스티치가 끝난 원단에는 펜 자국과 구김, 얼룩들이 남아있습니다. 깨끗하게 지워 다림질 해주세요.

01 미온수에 작품을 잘 펴서 담가주세요.

02 비비지 마시고 물에 가라앉힌 후 20분 정도 놓아둡니다.

03 살살 흔들어 주시면 올 사이에 남아있는 수성 잉크가 물에 녹아 없어져요

04 지워지지 않는 일반 먹지를 쓰셨다면 중성세제를 살짝 풀어 조물조물 해주세요.

05 깨끗한 물로 3~4회 헹궈주세요. 세제를 쓴 경우에는 세제 찌꺼기가 남지 않도록 여러 번 더 헹굽니다.

06 작품을 비틀어 짜지 말고 커다란 수건 사이에 놓고 살짝 두드려 물기를 뺍니다.

07 반듯하게 펴 그늘에서 말린 후 물기가 조금 남아있을 때 다림질을 합니다.

08 커다란 수건을 두세 번 접어 폭신하게 만든 후 자수 작품을 뒤집어 얹습니다.

09 작품의 뒷면에 손수건이나 키친타월을 얹고 가장자리부터 다려 마무리 하세요.

10 너무 꾹꾹 누르거나 스팀을 주면 자수가 납작해지거나, 상할 수 있으니 조심해서 다뤄주세요.

#3

자수를 할 때 기억하면 유용한 팁들

도구와 재료들이 준비되었다면 다음은 무엇을 해볼까요?

프랑스 자수는 섬세한 작업입니다. 작은 습관이 작품의 완성도를 좌우하지요.

기억하고 습관이 되면 좋은 팁을 정리해보았습니다.

01 손을 깨끗하게 씻고 작업합니다.

원단과 실이 오염 되면 원래 색깔을 잃을 수 있고, 작품 완성 후에도 지워지지 않을 수 있습니다. 늘 청결한 손으로 작업하세요.

02 실은 항상 바늘이 나온 방향으로 잡아당깁니다.(순방향)

실을 순방향으로 당겨주어야 실에 무리가 가지 않아 광택을 잃지 않아요. 실을 역방향(바늘 끝의 반대 방향)으로 당기면 원단의 올이 늘어날 뿐만 아니라 실도 헤져요. 때로는 스티치가 망가질 수 있으니 순방향! 잊지 마세요.

03 바늘은 여러 개를 준비하세요.

바늘을 여러 개 준비해서 컬러별, 굵기별로 실을 꿰어 놓고 쓰시면 작업이 훨씬 수월합니다.

04 스티치의 이름은 스티치의 모양이나 쓰임새에서 따왔어요.

이 많은 스티치들의 이름을 다 어떻게 외우냐고 걱정하시는 분들이 많아요. 하지만 가만 살펴보면 스티치의 이름은 영어 뜻과 모양, 바느질법과 관련이 많답니다. 예를 들어 아웃라인 스티치 - 외곽선 스티치, 스파이더 웹 로즈 스티치 - 거미줄 모양의 장미 등 모양이나 바느질법을 함께 연성하며 익히시면 기억하기 더욱 좋겠죠?

05 선을 그리는 스티치는 같은 올로 수를 놓았을 때 굵기가 조금씩 다릅니다.

특성을 이해하신다면 적용도 어렵지 않을 거예요.

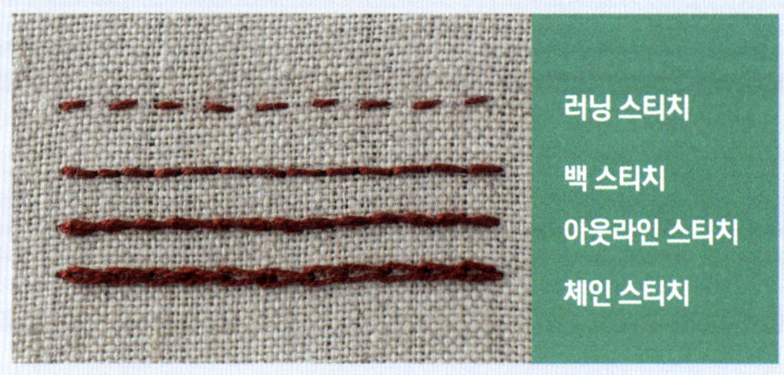

06 실을 거는 스티치는 바늘을 조금 안쪽으로 뜹니다.

스티치 중에는 실을 걸어 모양을 만드는 것들이 많이 있어요. (예: 플라이 스티치, 체인 스티치, 레이지 데이지 스티치, 페더 스티치, 버튼홀 스티치 등) 이러한 스티치들은 바늘을 뜬 후 실을 걸게 되는데 그러면 실은 항상 바늘보다 밑에 있어 도안보다 크게 스티치 됩니다. 작고 귀여운 데이지 꽃을 수놓으려는데 자꾸만 커지는 경우에는 뜨는 땀을 도안보다 조금 안쪽으로 해보세요.

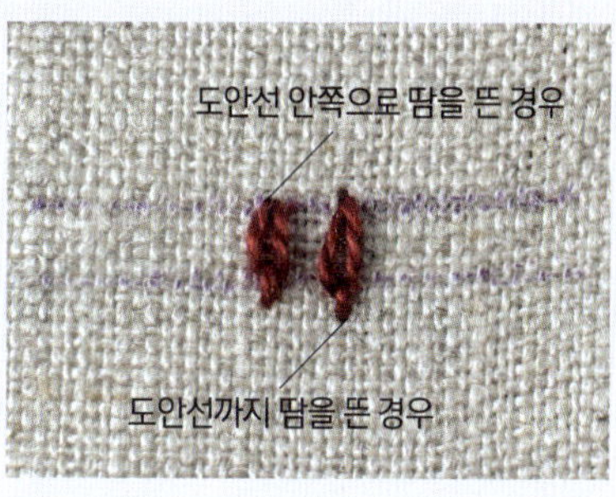

07 실의 길을 먼저 확인하세요.

도안을 전체적으로 살피면서 어디서 시작하고 어떤 방향으로 수를 놓을지, 근처에 같은 실을 쓰는 곳은 없는지, 어떤 순서로 놓을지를 먼저 계획하면 매듭도 줄고 작업 속도도 빨라집니다.

08 곡선은 땀을 작게 뜨세요.

선을 그리는 스티치에서 땀과 땀 사이의 간격이 넓으면 곡선이 완만하지 않습니다. 곡선이 시작되기 한두 땀 전부터 땀의 간격을 줄여나가시면서 곡선이 끝나는 지점까지 조금 작게 진행해보세요. 곡선이 예쁘면 자수가 훨씬 우아해집니다.

09 필링 스티치는 바깥쪽에서 안쪽 방향으로!

선을 그리는 스티치를 이용해 면을 채우는 기법을 필링 기법이라고 합니다. 아웃라인 필링과 체인 필링이 대표적인데요. 이럴 경우 한쪽 방향에서 몰아서 오다 보면 원단이 울기 쉽습니다. 도안 선을 따라 바깥쪽으로 먼저 스티치를 놓은 후 달팽이처럼 안쪽으로 조금씩 옮겨서 수를 놓으면 원단이 울지 않아요.

10 자수를 놓다보면 종종 실이 꼬일 때가 있지요.

꼬인 채로 수를 놓으면 결도 예쁘지 않고, 풍성한 질감도 살지 않습니다. 중간 중간 꼬인 실을 풀어가면서 하세요. 꼬인 실을 풀 땐 실이 꿰어진 바늘을 아래로 떨어트리면 바늘이 빙그르 돌며 자연스럽게 꼬임이 풀립니다.

11 소품을 만들 줄 모른다면 반제품을 이용해보세요.

액세서리 반제품들이나 이미 바느질을 끝나고 수만 놓으면 되는 패브릭 반제품들이 시중에 많이 나와 있어요. 예쁘게 수를 얹어 선물하면 센스 만점이겠지요?

#4

나만의 자수도안을 그리고 싶다면?

책이나 패키지에도 탐나는 도안들이 많지만,

때로는 길가에 핀 꽃이나 나만의 예쁜 그림들을 수놓고 싶을 때도 있지요.

그럴 때는 이런 방법들을 참고하세요.

01 기본 스티치는 꼭 익혀두세요.

한 가지 스티치로도 충분히 자수를 놓을 수 있지만, 몇 가지 기본 스티치를 익혀두면 훨씬 다양한 질감을 표현할 수 있어요.

02 제일 중요한 건 관찰!

수놓고 싶은 대상을 가만히 관찰해 보세요. 안 보이던 점도 크게 보이고, 섞여있는 다양한 색깔들도 보여요. 이때 사진을 찍어두면 더욱 유용하겠죠?

03 작은 스케치 노트를 만드세요.

나만의 작은 스케치 노트를 준비하고 간단한 모티프부터 연필로 그려보세요. 처음에는 어색했던 선들도 조금씩 연습하다보면 금세 예뻐집니다. 사각사각 연필 지나가는 소리와 뽁뽁 지우개 구르는 소리가 음악처럼 아름답게 들린답니다.

04 도움이 필요할 때는 기존의 일러스트를 이용해보세요.

요즘은 그림 공유 사이트들이 많이 있어요. 수놓고 싶은 그림을 검색어로 찾아보고, 일러스트 그림들을 참고하면 선이 훨씬 단순하면서도 입체적이 된답니다.

05 도안이 준비되었다면 반은 하신 거예요! 이제는 컬러와 굵기를 정해보세요.

실통에 있는 실들을 이리저리 조합해보세요. 연한 파스텔 톤의 색을 쓰시면 실패 확률이 확! 떨어집니다. 같은 줄기도 명암에 따라 원근에 따라 굵기를 달리 하시면 입체적인 작품이 되어요.

06 스티치를 정해요.

가장 자신있는 스티치부터 고르세요. 스티치 샘플러가 있다면 옆에 펴놓고 대입하면서 수놓을 스티치를 골라보세요.

07 천천히 수를 놓으세요.

깨끗하게 손을 씻고 차분한 마음으로 천천히 수를 놓습니다. 여기까지 잘 오셨으니 차근차근 수를 놓다보면 분명 아름다운 나만의 작품을 만들 수 있을 거예요!

2
기본 스티치 배우기

러닝 스티치

RUNNING STITCH

바느질에서 홈질에 해당하는 스티치로 땀의 길이와 간격을 일정하게 진행하는 기법입니다.
조급한 마음에 여러 땀을 한꺼번에 뜨지 마시고 밑그림을 따라 한 땀, 한 땀 천천히 수놓아 보세요.

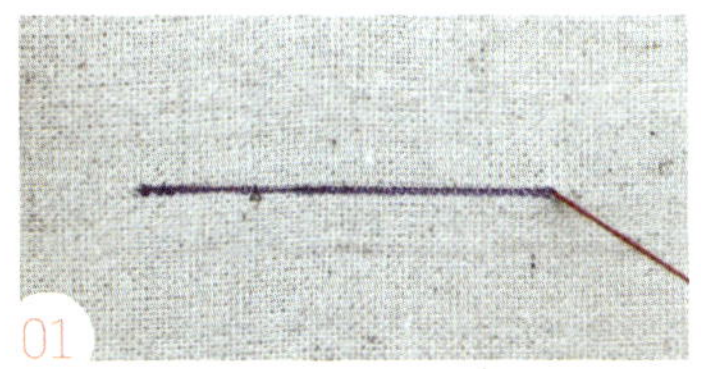

01

오른쪽에서 왼쪽으로 진행합니다. 밑그림의 오른쪽 끝에서 바늘을 뺍니다.

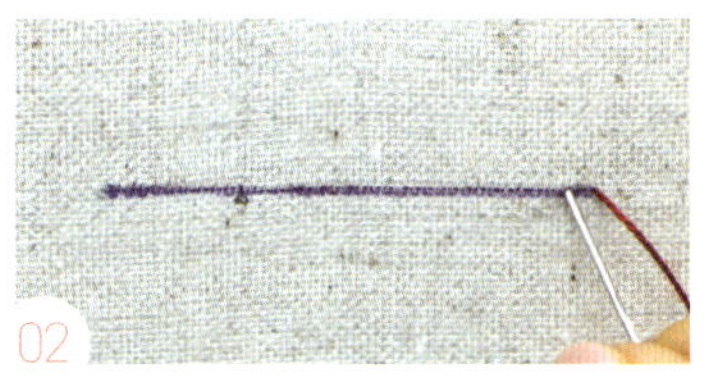

02

한 땀을 진행해 바늘을 찌릅니다.(찌르는 땀)

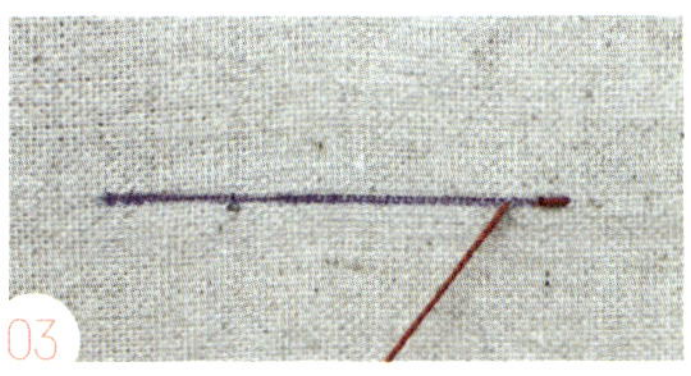

03

같은 간격으로 바늘을 원단 위로 빼줍니다.(빼는 땀)

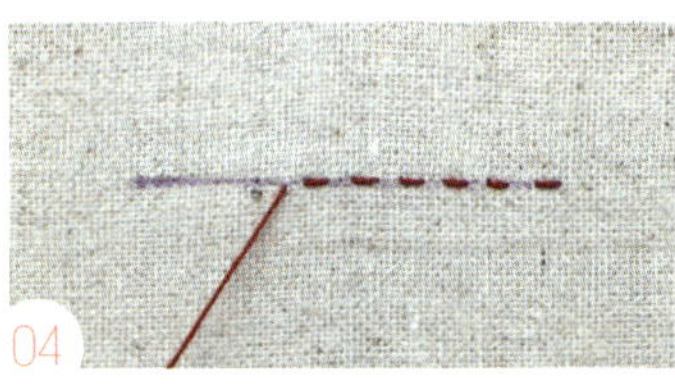

04

찌르는 땀과 빼는 땀을 같은 간격으로 수놓아 줍니다. 밑그림을 따라 똑바로 진행해보세요. 수를 다 놓은 후에는 천 뒤쪽으로 마지막 땀을 놓아 뒤에서 매듭을 지어주세요.

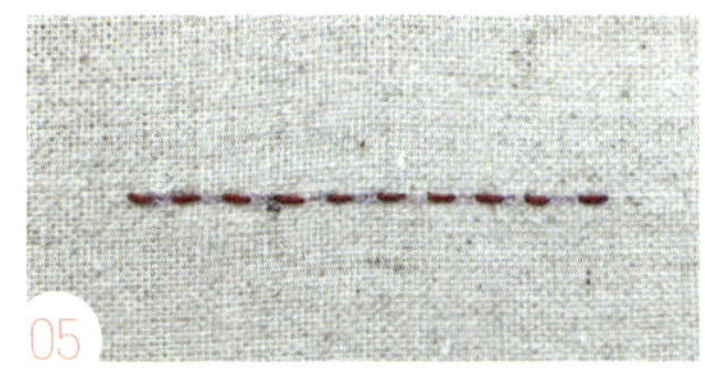

05

완성된 러닝 스티치

러닝 스티치의 활용 예

02

휘프드 스티치

WHIPPED STITCH

휘프드 스티치와 스레디드 스티치를 이용해 선을 더욱 풍성하게 꾸밀 수 있습니다. 이때 사용하는 실의 색을 대비되게 하면 스티치가 두드러지는 효과를, 비슷한 계열로 하면 스티치가 은은해지는 효과를 얻을 수도 있습니다.

가장 간단한 러닝 스티치를 이용해 휘프드 기법과 스레디드 기법을 배워 봅시다.

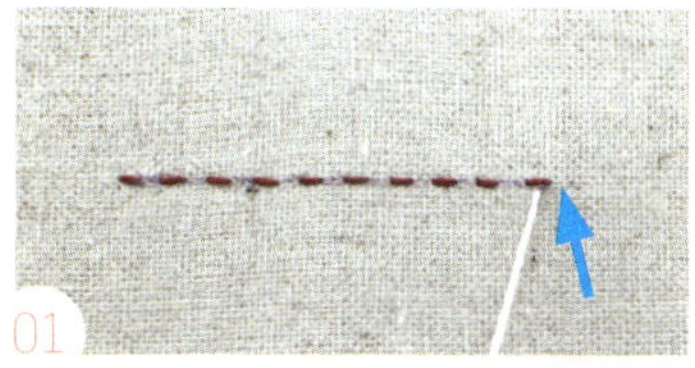

01 러닝 스티치를 놓은 후, 흰색 실을 사용해 첫 번째 땀의 아래쪽으로 바늘을 빼줍니다. 이때 땀의 가운데로 흰색 실을 빼주세요.

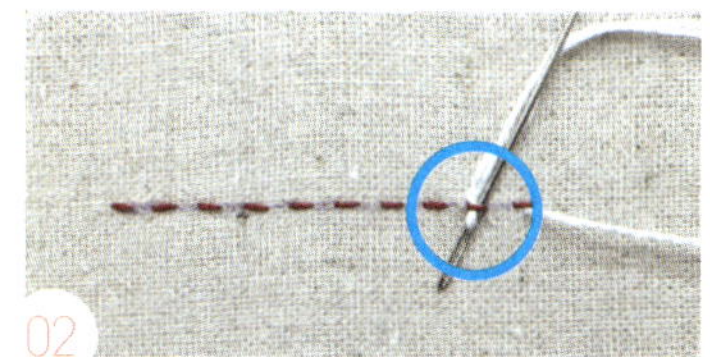

02 바늘귀 쪽을 두 번째 땀의 위쪽에서 아래쪽으로 통과시킵니다. 이때, 원단은 통과하지 않고 실만 통과하도록 주의합니다.

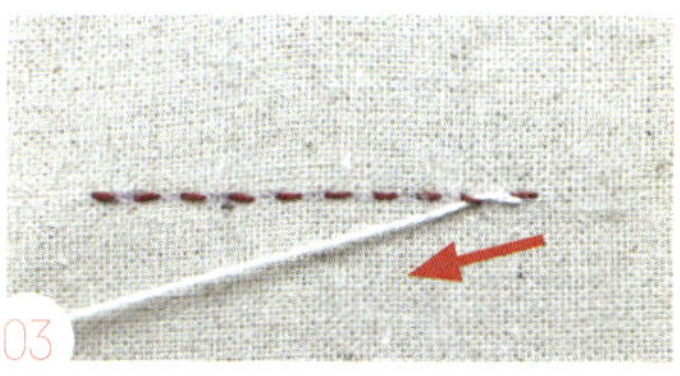

03 실을 천천히 당겨줍니다. 이때 실을 반드시 진행방향(오른쪽에서 왼쪽)으로 당겨줘야 꼬임이 예쁘게 생겨요.

04

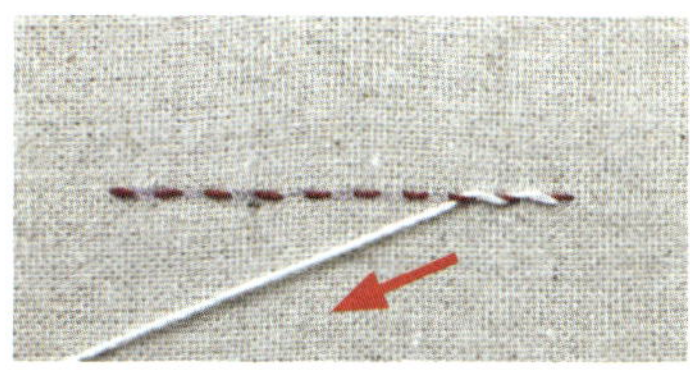

같은 방법으로 러닝 스티치가 끝날 때까지 반복해줍니다. 러닝 스티치를 따라 흰색 실이 예쁘게 휘감긴 스티치가 나타납니다.

휘프드 스티치의 활용 예

05 마지막 땀의 가운데 윗부분으로 바늘을 찔러 천 뒤편에서 매듭지어 스티치를 마무리합니다.

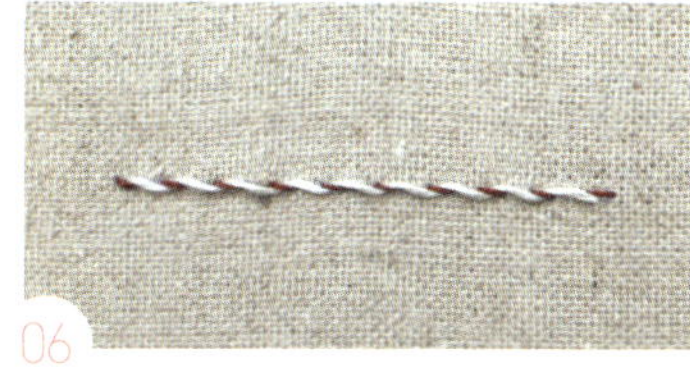

06 완성 된 휘프드 러닝 스티치

TIP

원단이 아닌 땀을 통과할 때는 바늘의 뾰족한 쪽보다 바늘귀 쪽을 이용하는 것이 좋습니다

응용하기

더블 휘프드 스티치 완성된 휘프드 스티치 위에 다른 색상의 실을 이용해 한 번 더 스티치를 놓아줄게요. 꼬임의 방향을 바꾸면 세 가지 색 실이 서로 예쁘게 휘감긴 멋진 더블 휘프드 스티치를 만나실 수 있습니다.

07 파란색 실을 준비합니다. 이번에는 첫 번째 땀 가운데 위에서 바늘을 뺍니다.

08 두 번째 땀부터 러닝 스티치의 아래에서 위로 바늘을 통과 시켜줍니다.

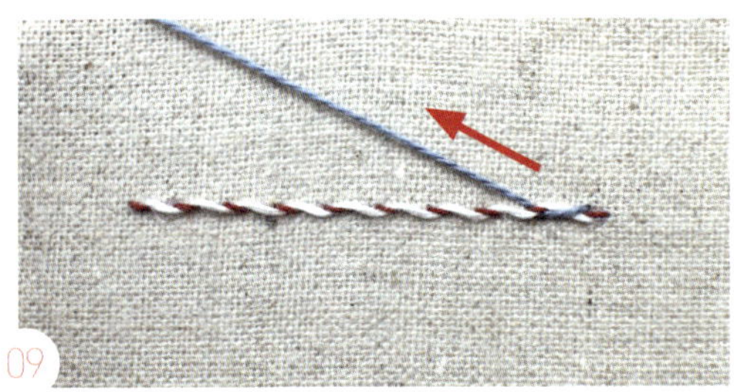

09 실을 당기는 방향을 유의하며 반복해줍니다. 마무리는 마지막 땀의 가운데 아래로 바늘을 찔러 끝냅니다.

10 완성된 더블 휘프드 러닝 스티치

더블 휘프드 스티치의 활용 예

03

스레디드 스티치

THREADED STITCH

영어 단어 스레드(Thread)는 '실을 꿰다'라는 의미를 갖고 있습니다. 그래서 스레디드 러닝 스티치는 기본 러닝 스티치에 다른 색의 실을 꿰어 물결 모양으로 변화를 주는 스티치를 말합니다. 휘프드 스티치가 같은 방향으로 실을 통과 시킨다면, 스레디드 스티치는 지그재그 모양으로 방향을 바꾸어 통과 시킨다는 점이 달라요.

01

러닝 스티치를 놓은 후, 흰색 실을 사용해 첫 번째 땀의 아래쪽으로 바늘을 빼 줍니다. 이때 땀의 가운데로 흰색 실을 빼주세요.

02

바늘귀 쪽을 이용해 두 번째 땀의 아래 쪽에서 위쪽으로 통과시킵니다. 이때, 원단은 통과하지 않고 실만 통과하도록 주의합니다. (여기까지는 휘프드 러닝 스티치와 동일한 과정이에요.)

03

실을 천천히 당겨줍니다. 이때 실을 다 빼지 않고, 조금 남겨 물결무늬를 만들어줍니다.

04

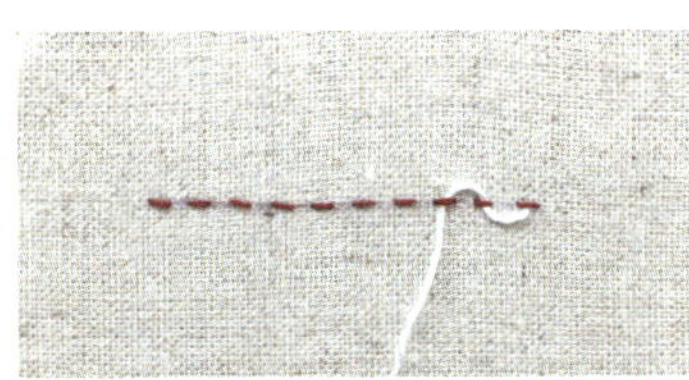

그 다음에는 바늘을 위에서 아래 방향으로 통과하여 반대방향의 물결무늬를 만들어 줍니다. 지그재그 방향으로 러닝 스티치가 끝날 때까지 반복합니다. 러닝 스티치를 따라 흰색 실이 물결무늬로 일렁이는 것을 볼 수 있어요.

05

마지막 땀에서 바늘을 뒤편으로 찔러 매듭을 감추며 마무리합니다.

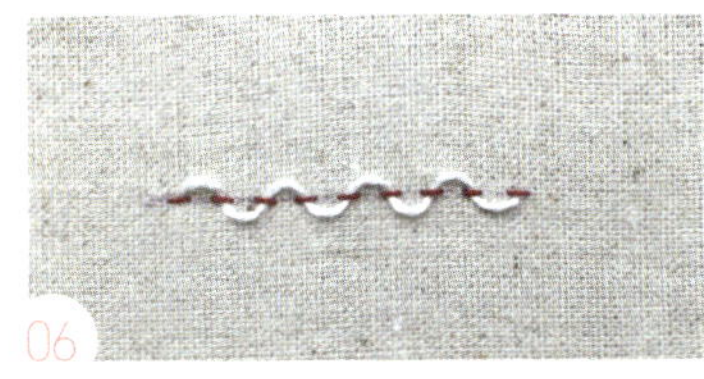

06

완성된 스레디드 러닝 스티치

스레디드 스티치의 활용 예

TIP

당김의 정도에 따라 물결의 크기가 달라지며, 고정하는 실과 물결을 이루는 실의 굵기에 따라 다양한 느낌이 연출됩니다.

백 스티치

BACK STITCH

백 스티치는 바느질의 박음질에 해당하는 스티치예요.
한 땀 뒤로 돌아가 다시 수를 놓는다고 해서 백 스티치라고 부릅니다. 단정하고 뚜렷한 윤곽선을 수놓을 수 있어요.

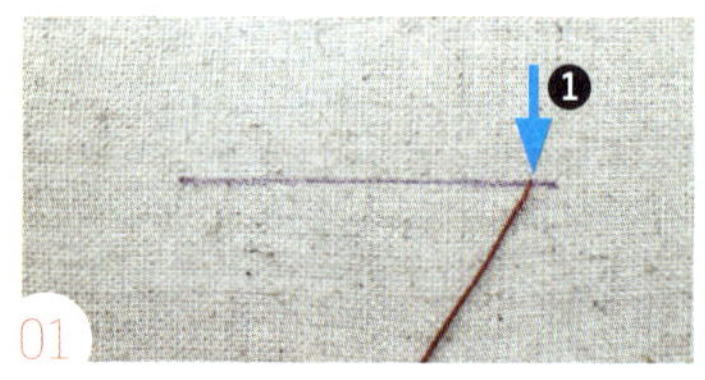

01 오른쪽에서 왼쪽으로 스티치를 진행합니다. 밑그림의 시작점보다 한 땀 진행된 곳(❶)에서 바늘을 빼주세요.

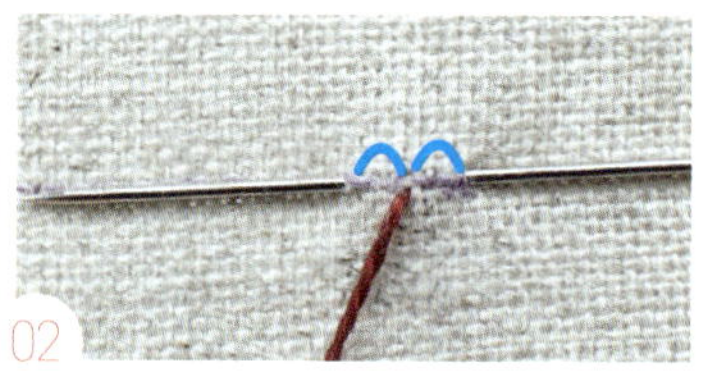

02 실을 왼손으로 당기듯 잡고 바늘을 시작점으로 돌아가 찔러주세요. 그리고 같은 간격만큼 앞쪽으로 진행하여 한 땀 떠주세요.(뜨는 땀)

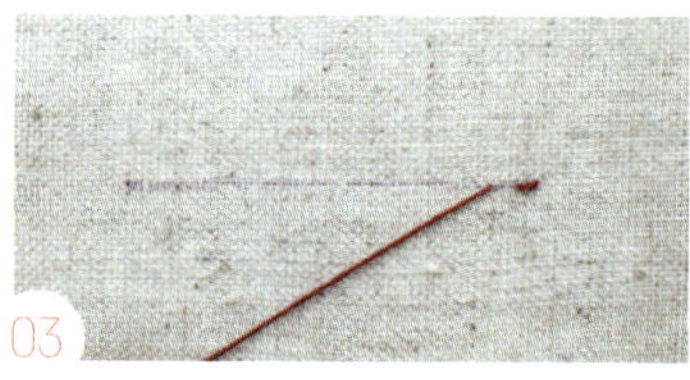

03 실을 진행방향으로 당겨줍니다. 첫 번째 땀이 예쁘게 수놓아졌나요?

04 이제 다시 바늘을 되돌려 첫 땀의 끝(❶)에 바늘을 찌르고, 위의 과정을 반복하여 줍니다.

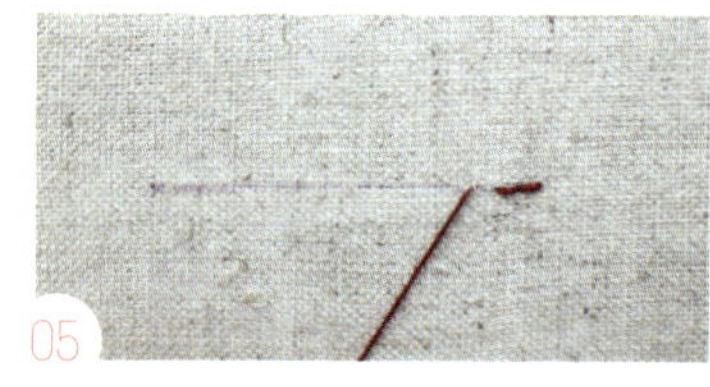

05 두 번째 땀이 끊어지지 않고 잘 놓였습니다.

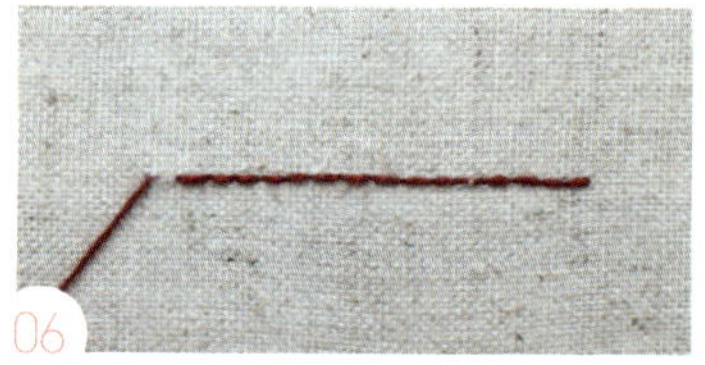

06 반복하며 밑그림을 따라 진행합니다.

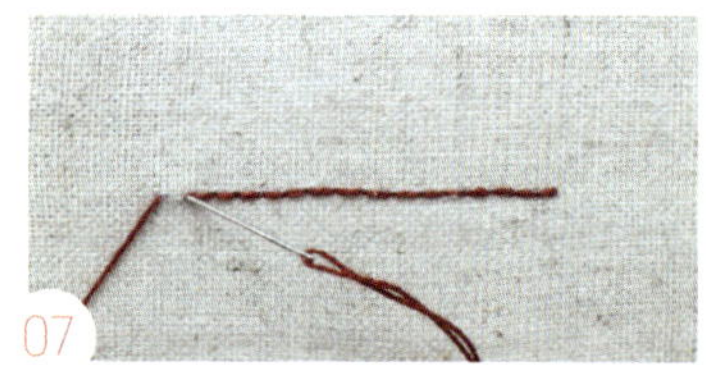

07 마지막 땀의 구멍으로 바늘을 찔러 마무리 합니다.

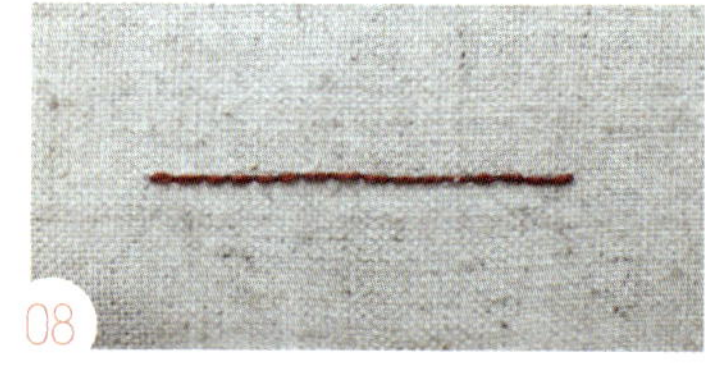

08 완성된 백 스티치

백 스티치의 활용 예

TIP

땀의 간격이 일정하고 땀 사이가 끊어지지 않아야 선이 깔끔합니다.

05

하프 백 스티치

HALF BACK STITCH

백 스티치가 선이었다면 하프 백 스티치는 점선입니다. 점선을 수놓을 때 러닝 스티치 대신 써 보세요. 보다 통통한 점선이 나옵니다. 바느질에서는 반박음질이라고 불리는 스티치입니다.

오른쪽에서 왼쪽으로 진행합니다. 밑그림의 시작점보다 한 땀 진행된 곳(❶)에서 바늘을 빼주세요.

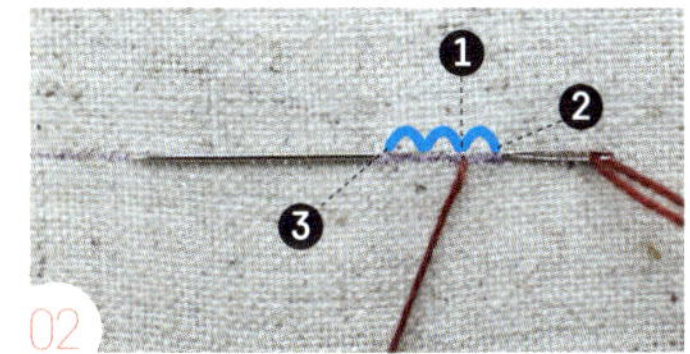

실을 왼손으로 당기듯 잡고 바늘을 시작점(❷)에서 찌르며 두 땀 앞으로(❸) 뜹니다.

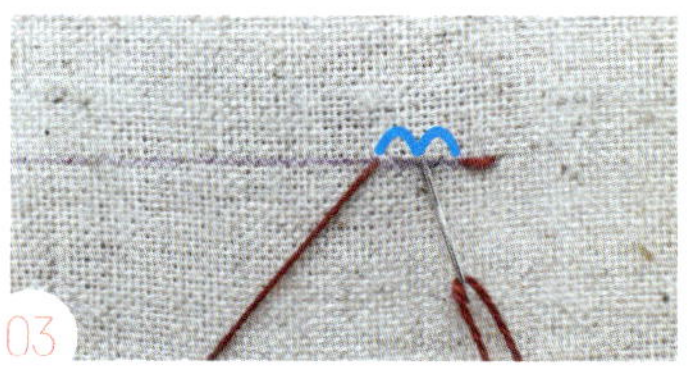

실을 진행방향으로 당겨줍니다. 첫 땀과 실의 가운데서 바늘을 찌르고 두 땀씩 앞으로 뜨며 스티치 합니다.

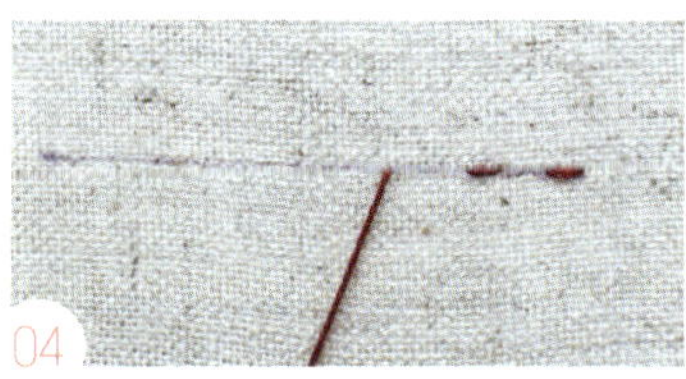

두 번째 땀이 진행된 상태를 볼까요? 이렇게 한 땀 뒤로 갔다가, 두 땀 앞으로 땀을 진행하면서 점선으로 스티치를 수놓아 보세요. 마지막 간격의 가운데에서 바늘을 찌르며 마무리 합니다.

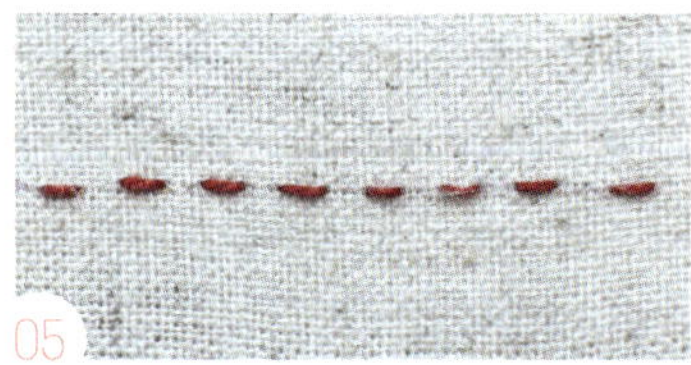

올록볼록한 점선모양의 하프 백 스티치

하프 백 스티치의 활용 예

06

스트레이트 스티치

STRAIGHT STITCH

자수에서 가장 기본이 되는 스티치로 짧은 직선을 수놓습니다. 단독으로도 쓰일 때도 많지만, 다른 스티치의 기둥으로 활용할 수도 있습니다.

❶에서 실을 뺍니다.

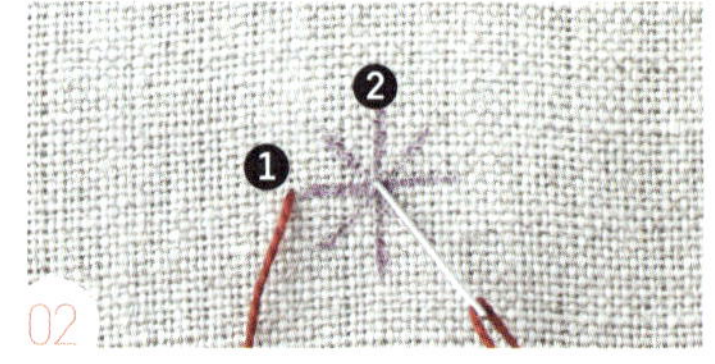

❷로 찔러 한 땀을 완성합니다.

다른 선들도 같은 방법으로 반복합니다.

별 모양의 스트레이트 스티치 완성

스트레이트 스티치의 활용 예

TIP

방사상의 꽃이나 별을 수놓을 때는 바로 옆쪽으로 돌아가며 수를 놓는 것보다 등분을 하듯 반대방향의 땀을 수놓는 것이 실의 당김을 더 예쁘게 해 줍니다.

체인 스티치

CHAIN STITCH

이름처럼 사슬 모양의 스티치입니다. 일정한 크기의 고리를 반복해서 볼륨 있고 굵은 선을 표현할 수 있어요.
체인 스티치를 여러 번 반복해서 면을 메워주기도 합니다.(체인 필링 스티치)

고리의 길이와 둥글기에 따라 다양한 느낌의 선을 연출할 수 있습니다.

01

오른쪽에서 왼쪽으로 진행합니다. 밑그림의 오른쪽 끝(❶)에서 바늘을 뺍니다.

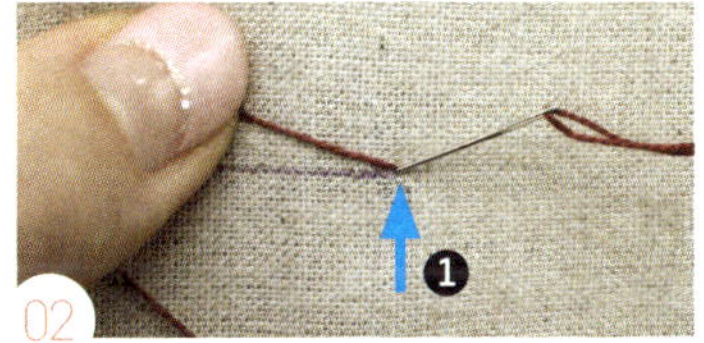

02

03

실을 왼손으로 당기듯 잡고, 바늘을 다시 ❶의 구멍에 넣어 밑그림을 따라 한 땀을 뜹니다.(뜨는 땀)

실이 꼬이지 않도록 바늘에 걸어줍니다.

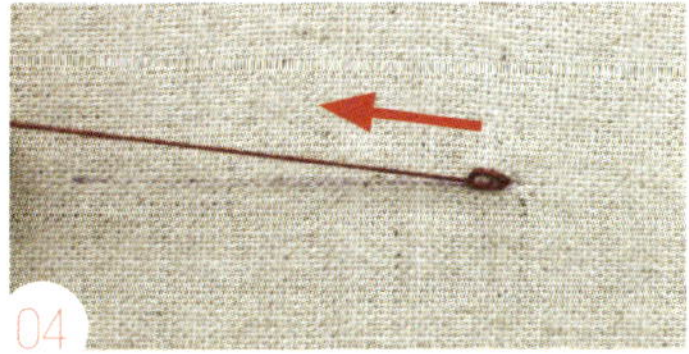

04

실을 천천히 당깁니다. 이때 실은 반드시 진행방향(그림에서 왼쪽)으로 당겨야 사슬이 만들어집니다. 반대 방향으로 당기면 실이 묶여버려요.

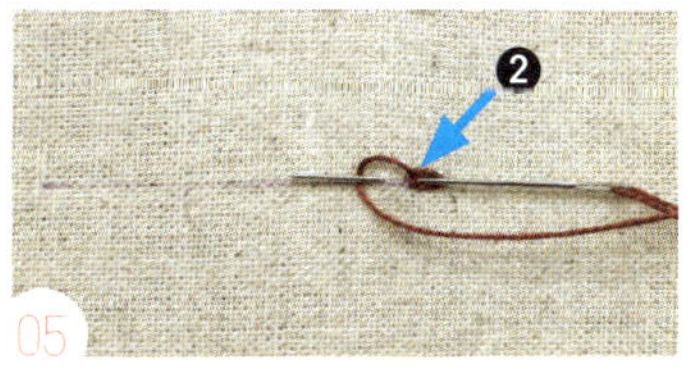

05

다시 사슬 안쪽(❷)에 바늘을 꽂고 한 땀을 떠 실을 걸어 줍니다.(2~4 반복)

06

두개의 고리가 연속된 사슬이 만들어졌습니다.

07

밑그림을 따라 반복합니다.

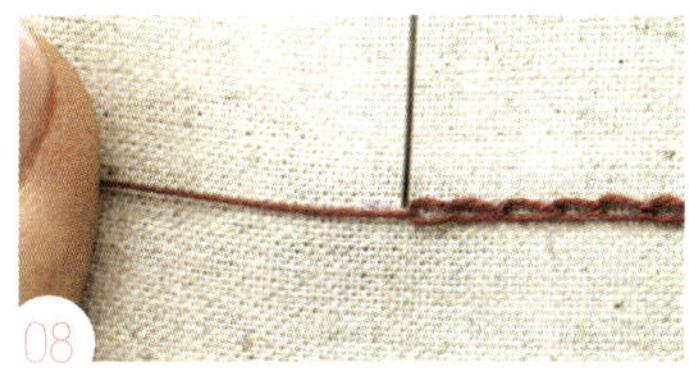

08

밑그림의 끝에 오면 사슬 바깥으로 바늘을 찔러 마지막 고리를 고정시켜줍니다.

09
완성된 체인스티치

체인 스티치의 활용 예

밑그림이 원 모양일 경우의 마무리

01

밑그림을 따라 체인 스티치를 놓아 처음 시작한 점으로 되돌아 오되, 한 땀을 남깁니다.

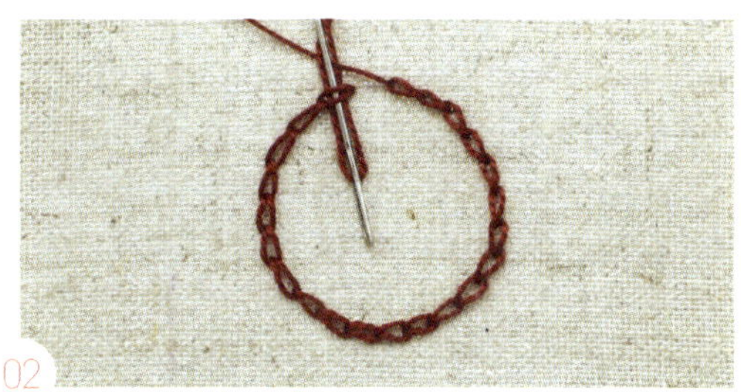

02

바늘귀를 이용해 첫 번째 고리를 통과합니다.

03

실을 천천히 당겨 고리를 만들어 줍니다.

04

마지막 고리의 안쪽에 바늘을 찔러 마무리 합니다.

05

완성된 원형 체인 스티치

TIP

체인 스티치의 마무리에 생기는 작은 꼬리가 만들어지지 않아 시작점과 끝점을 구분할 수 없는 마무리법입니다. 꼭 기억하세요!

레이지 데이지 스티치

LAZY DAISY STITCH

작은 꽃이나 잎사귀에 많이 쓰이는 레이지 데이지 스티치는 체인 스티치의 고리 한 개를 똑 떼어놓은 모양이에요.

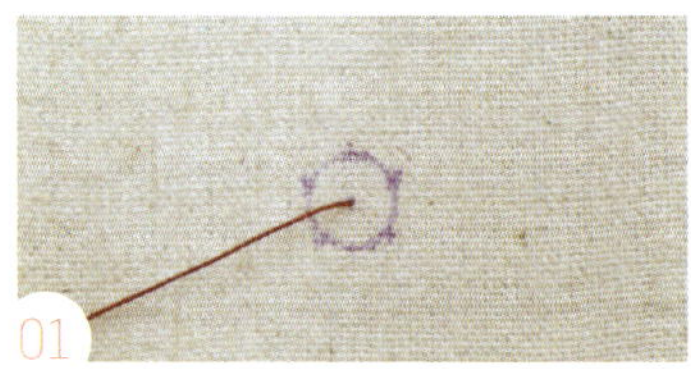

01

예쁘게 그린 원을 5등분하여 각각 점을 찍어주세요. 점을 찍은 후 원의 중앙에서 바늘을 빼줍니다.

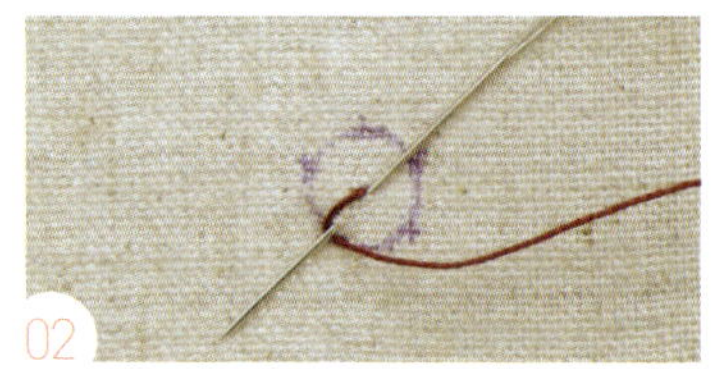

02

실을 뺀 바늘구멍에 다시 바늘을 꽂아 작게 한 땀을 뜬 후(뜨는 땀) 실이 꼬이지 않도록 주의하면서 바늘 아래로 걸어줍니다.

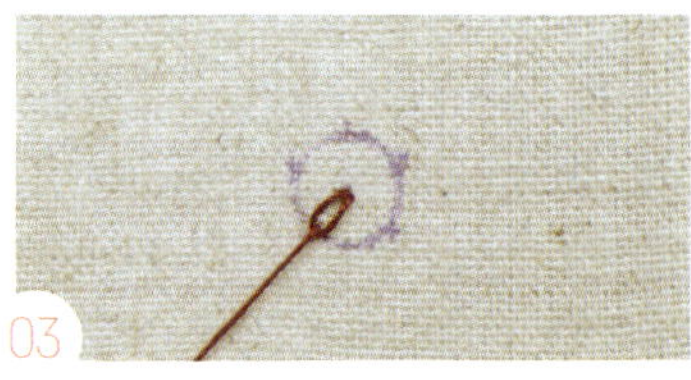

03

작은 고리가 만들어지도록 실을 당깁니다.

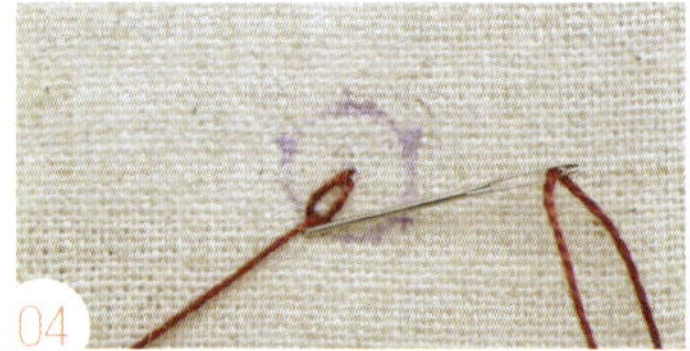

04

고리의 바깥으로 바늘을 찔러 고리를 고정시킵니다.

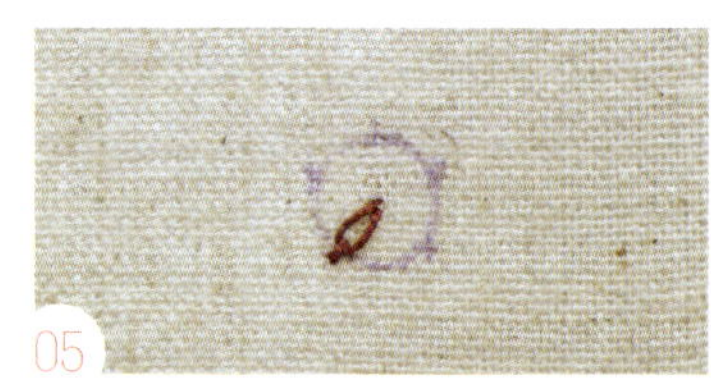

05

레이지 데이지 스티치 한 개를 놓은 모습. 다시 가운데로 바늘을 빼 같은 방법으로 다섯 개의 꽃잎을 수 놓아 주세요.

06

완성된 데이지 꽃

더블 레이지 데이지 스티치의 활용 예

레이지 데이지 스티치의 활용 예

TIP

레이지 데이지 스티치는 고리의 둥글기와 고정 땀의 길이에 따라 느낌이 다양하게 바뀝니다. 뾰족한 꽃잎을 원하시면 고정 땀을 길게, 둥근 꽃잎을 원하시면 고정 땀을 짧게 하세요.

+ 흰색 실로 레이지 데이지 스티치를 안(또는 바깥)으로 한 번 더 수놓으면 더블 레이지 데이지 스티치가 됩니다. 스티치 안쪽을 채워주면 꽉 찬 느낌을 줄 수 있어요. 꽃과 함께 꽃잎도 몇 개 더 수놓아주면 볼륨 있는 데이지 꽃이 완성!

09

프렌치 노트 스티치

FRENCH KNOT STITCH

동글동글한 모양의 작은 매듭(Knot)을 표현하는 프렌치 노트 스티치는 다른 스티치와 함께 쓰기에도 좋고, 단독으로도 많이 쓰입니다. 작은 점일 뿐이지만 존재감만큼은 큰 스티치랍니다.

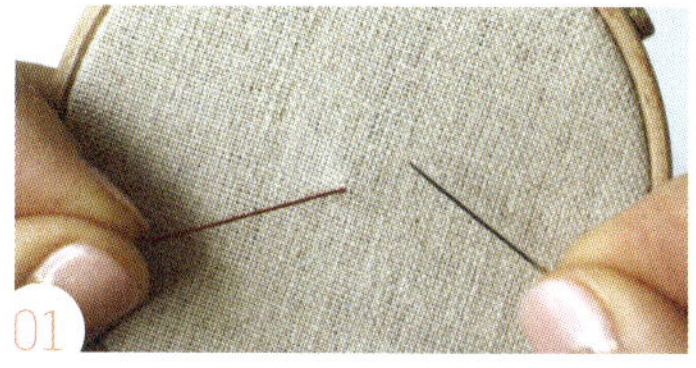

프렌치 노트 스티치를 수놓을 위치로 실을 빼준 다음, 왼손에 실을 오른손에 바늘을 잡습니다. 바늘을 실 위에 댑니다.

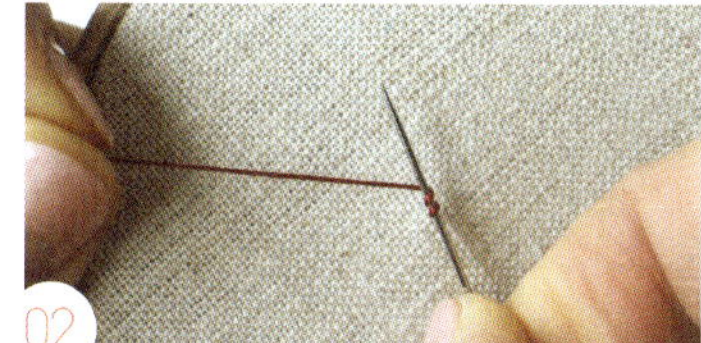

실을 바늘에 두 번 감습니다.

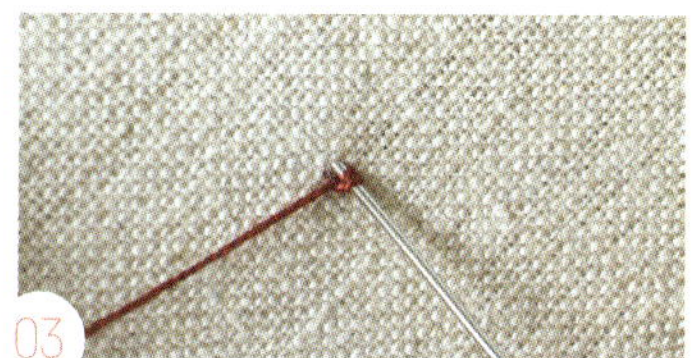

나온 실의 바로 옆에 바늘을 찔러 줍니다.

바늘을 수직으로 세우고 왼손으로 천천히 실을 당겨 감긴 실이 원단에 닿도록 합니다. 왼손은 수틀과 함께 실을 잡고, 오른손을 이용해 원단의 밑에서 천천히 바늘을 빼줍니다.

"퐁!" 소리와 함께 작지만 짱짱한 프렌치 노트 스티치 완성!

프렌치 노트 스티치의 활용 예

TIP

4번에서 바늘을 뺄 때 잘 안 빠진다고 세게 당기시면 감겨진 실까지 함께 빠지기 쉽습니다. 오른손의 엄지와 검지를 살살 비벼 천천히 빼주세요.

실은 두 번 감는 것이 가장 예뻐요. 경우에 따라 한 번, 또는 세 번 감을 수는 있지만 그 이상 감으면 풀어지기 쉽습니다. 좀 더 큰 매듭을 원하신다면 감는 횟수를 늘리지 마시고 실을 굵게 쓰세요.

10

아웃라인 스티치

OUTLINE STITCH

외곽선 스티치라 불릴만큼 선을 그리는 스티치로 많이 이용되는 스티치입니다.

조금 팽팽하게 당기듯 수를 놓으면 더 또렷한 라인을 만들 수 있습니다. 또한 바깥쪽부터 촘촘하게 수를 놓아 면을 채우는데도 유용하게 쓸 수 있어요.(아웃라인 필링) 부드러운 결이 살아있는 면을 수놓을 때 아웃라인 스티치를 사용해보세요!

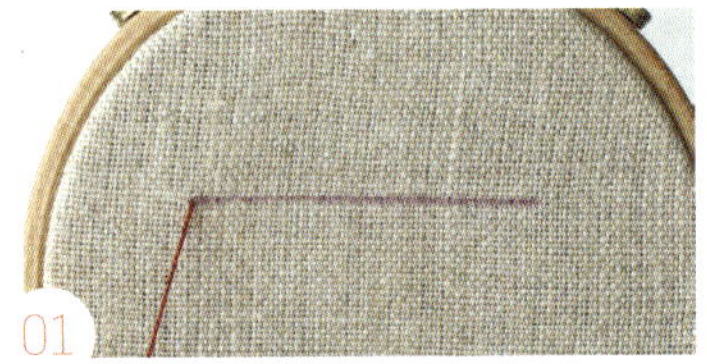

01

왼쪽에서 오른쪽으로 진행합니다. 왼쪽 끝에서 바늘을 뺍니다.

02

한 땀 뒤에서 바늘을 찌르고 한 땀을 되돌아 뜹니다.(뜨는 땀)

03

실을 당겨줍니다. 실은 바늘이 나온 방향(순방향)으로 당겨주어야 실도 덜 상하고 꼬임도 예뻐요.

04

실을 아래쪽으로 당기듯 잡고 땀의 끝에서 한 땀 간격으로 바늘을 찌르고 다시 한 땀을 되돌아 뜹니다. 이때 앞 땀의 끝을 찾아 나오면 선이 고르고 정갈해집니다.

05

꼬임의 모양을 보면서 당기는 힘을 고르게 주며 반복해주세요.

06

마지막 땀의 끝으로 바늘을 빼 원단 뒤편에서 마무리 합니다.

07

완성된 아웃라인 스티치

08

뒷면은 백 스티치 모양입니다.

아웃라인 스티치의 곡선 그리기 일정한 꼬임이 생기는 아웃라인 스티치는 곡선을 수놓을 때는 실을 놓는 방향에 유의해야 꼬임이 자연스럽습니다.

01 곡선이 U형(배모양)일 때는 실을 아래쪽으로 두고 수를 놓으세요.

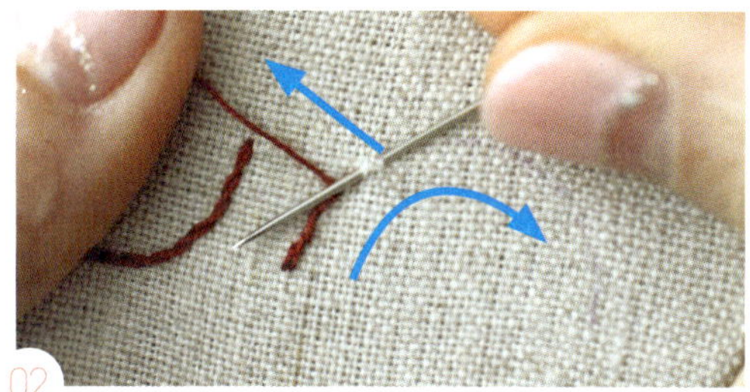

02 곡선이 A형(산모양) 일 때는 실을 위쪽으로 두고 수를 놓으세요.

03 직선과 곡선 아웃라인 스티치 완성

아웃라인 스티치의 활용 예

11

플라이 스티치

FLY STITCH

알파벳 Y를 닮은 스티치예요. 오픈 레이지 데이지 스티치라고도 불립니다.
고정하는 땀의 길이에 따라 다양한 얼굴을 보여준답니다.

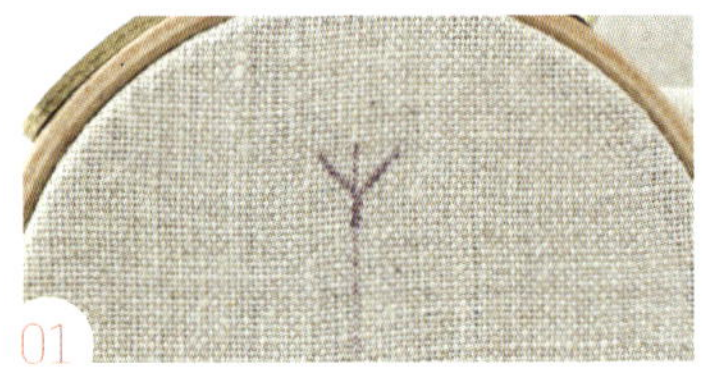

01 대문자 Y모양을 그리고 하면 쉬워요.

02 중심선의 왼쪽에서 실을 뺍니다.

03 수평으로 오른쪽에서 바늘을 찔러 가운데 점으로 한 땀 뜹니다. 실을 바늘 아래에 걸어 줍니다.

04 실을 당겨 V자 모양을 만들어 줍니다.

05 수직으로 바늘을 찔러 고정하여 줍니다. 한 개의 플라이 스티치가 완성되었죠?

06 팔 아래쪽으로 고정 땀의 길이만큼 내려와 다시 플라이 스티치를 시작합니다.

07 중심선을 따라 3~5 과정을 반복합니다. 이때 뜨는 땀을 위쪽 스티치의 고정 땀으로 나오면 Y가 연결됩니다.

08 세로로 연결된 플라이 스티치 완성!

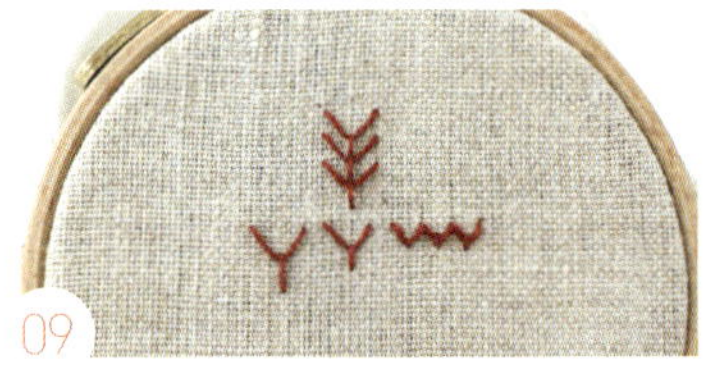

09 다양한 모양의 플라이 스티치들

플라이 스티치의 활용 예

12

버튼홀 스티치

BUTTONHOLE STITCH

단춧구멍 스티치라고도하며 블랭킷 스티치라고도 불립니다. 원단 가장자리의 올 풀림을 막거나 장식용 스티치로 많이 쓰이고 다양한 응용법이 있어 활용도가 큰 스티치입니다.

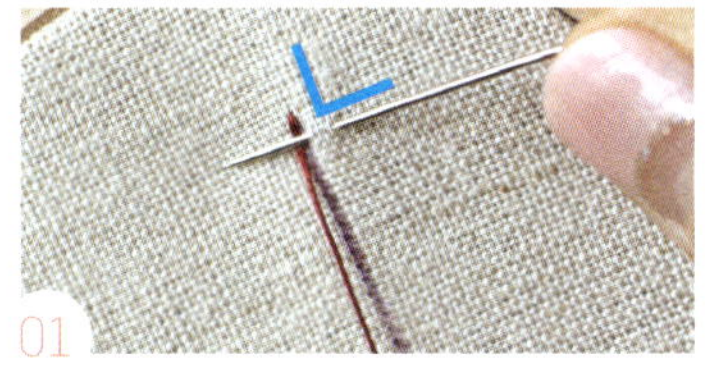

01

시작점에서 실을 빼 밑그림을 따라 놓습니다. 바늘을 밑그림의 직각 방향으로 한 땀 뜹니다. 이때 실은 바늘의 밑에 오도록 합니다.

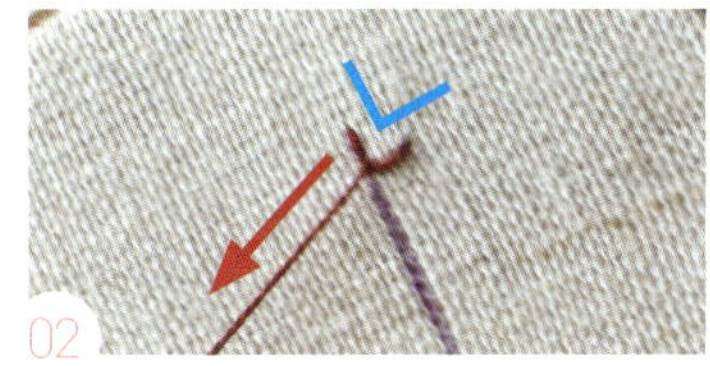

02

바늘이 나온 방향으로 실을 당겨 빼줍니다. ㄴ자 모양의 스티치가 완성되었습니다.

03

높이와 간격을 일정하게 반복해 줍니다.

04

실을 당기듯 잡고 마지막 땀의 바로 바깥쪽으로 바늘을 찔러 고정시키세요.

05

높이와 간격이 일정한 버튼홀 스티치 완성

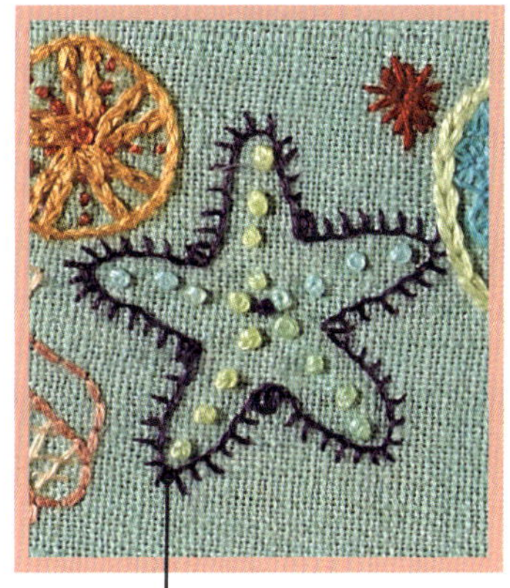

버튼홀 스티치의 활용 예

13

서클 버튼홀 스티치

CIRCLE BUTTONHOLE STITCH

버튼홀 스티치로 원을 그려 볼까요? 버튼홀 휠이라고도 불립니다.

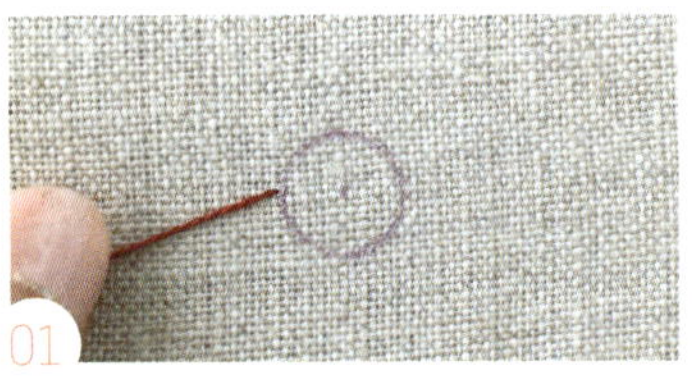

01 원하는 크기의 원을 그린 후 가운데에 점을 표시 합니다. 적당한 곳에서 실을 뺀 후 원 바깥쪽으로 당겨 잡습니다.

02 바늘을 원의 가운뎃점에 찌르면서

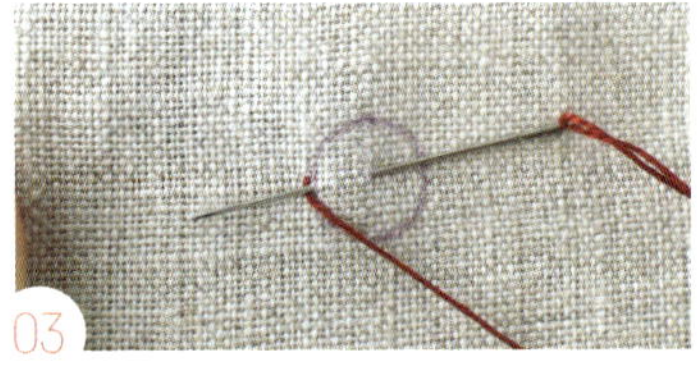

03 선을 따라 한 땀을 뜨세요. 이때 실은 바늘의 아래에 두세요.

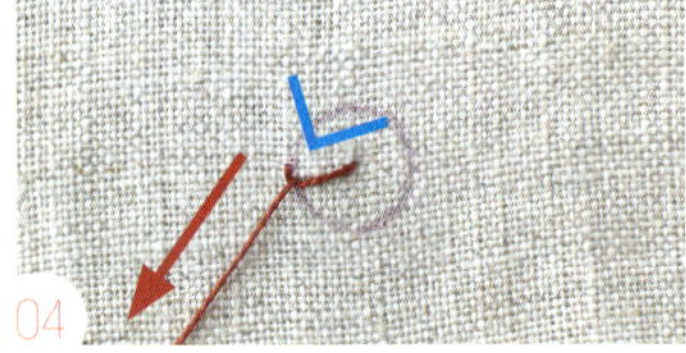

04 바늘이 나온 방향으로 실을 당겨 빼 줍니다. ㄴ자 모양의 스티치가 완성되었습니다.

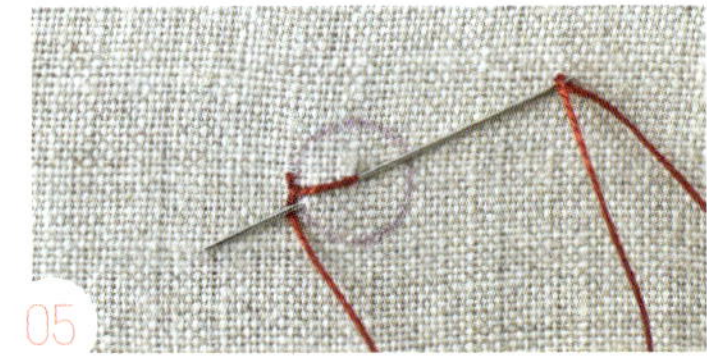

05 다시 바늘을 가운뎃점에 찌르며 선을 따라 바늘을 뜹니다.

06 실을 당기면 작은 부채꼴 모양의 스티치가 생깁니다. 반복해주세요.

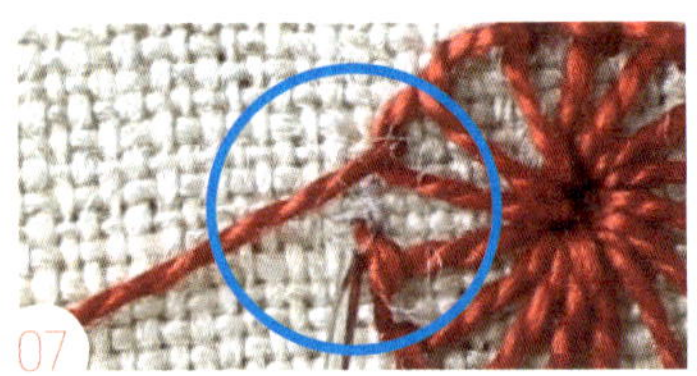

07 처음 시작점으로 되돌아오되, 반 땀을 남깁니다. 첫 땀의 뒤로 바늘을 찔러 마무리 합니다.

08 완성된 서클 버튼홀 스티치

서클 버튼홀 스티치의 활용 예

하프 서클 버튼홀 스티치

HALF CIRCLE BUTTONHOLE STITCH

서클 버튼홀 스티치를 반 만 수놓은 스티치입니다.

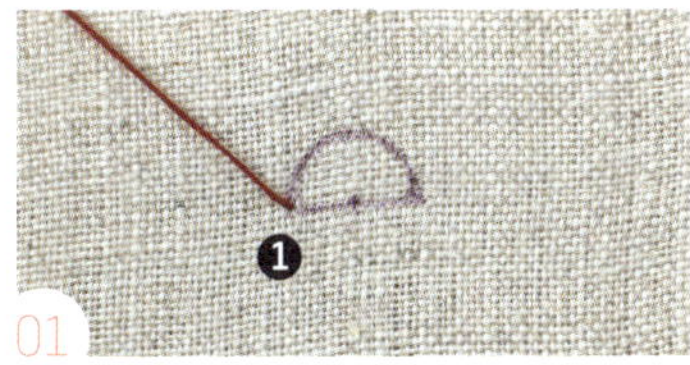

01

원하는 크기의 반원을 그리고 가운뎃점을 찍습니다. 왼쪽 반원 위 ❶로 실을 뺍니다.

02

가운뎃점 ❷까지 스트레이트 스티치 하고 다시 ❶번으로 나옵니다.

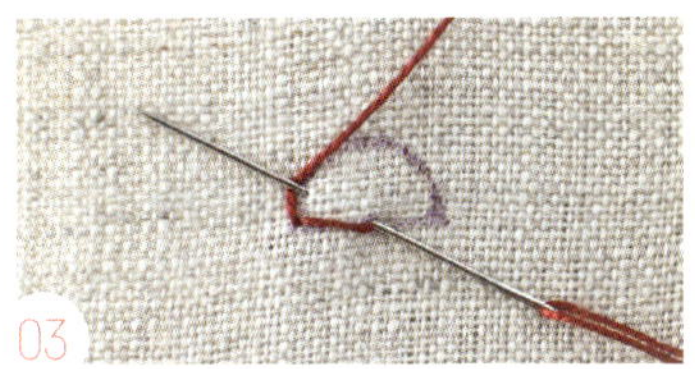

03

서클 버튼홀 스티치와 같은 방법으로 곡선을 따라 스티치 하세요.

04

반원의 끝까지 오면 마지막 땀의 바깥쪽으로 바늘을 찔러 고정합니다.

05

아치 모양의 하프 서클 버튼홀 스티치 완성

하프 서클 버튼홀 스티치의 활용 예

15

스파이더 웹 로즈 스티치

SPIDER WEB ROSE STITCH

꽃을 수놓을 때 가장 사랑받는 스티치 중 하나인 스파이더 웹 로즈 스티치.
홀수 개의 기둥을 따라 실을 엮다보면 어느새 봉긋한 장미가 피어나요.

원을 5등분 한 뒤 스트레이트 스티치로 다섯 개의 기둥을 세우세요. 구분을 위해 흰실로 수를 놓았지만 실제로는 같은 색상으로 수놓아 주세요.

중심점 가까이로 바늘을 뺍니다.

두 번째 기둥 실 밑으로 바늘을 통과합니다. 이때 원단은 뜨지 않고 기둥 실만 통과하도록 바늘귀를 이용하면 좋습니다.

첫 번째 기둥은 실이 위로, 두 번째 기둥은 실이 아래로 통과 되었습니다.

같은 방법으로 기둥을 한 칸 씩 건너뛰며 실을 엮어 나가세요.

기둥이 안보일 때까지 위, 아래를 반복하며 조심조심 엮어주세요. 실이 채워지며 장미가 피어납니다.

기둥이 다 가려지면 엮은 실 밑으로 바늘을 숨겨 빼줍니다.

완성된 스파이더 웹 로즈 스티치

스파이더 웹 로즈 스티치의 활용 예

TIP

스트레이트 스티치로 원 모양의 기둥을 세울 때에는 원 위에서 빼 원 중심으로 바늘을 찔러 기둥을 세우세요.

스파이더 웹 로즈 스티치의 기둥은 반드시 홀수 개로 세워야 합니다. (주로 5 또는 7개)

16

리프 스티치

LEAF STITCH

플라이 스티치를 세로로 연결해 잎사귀를 수놓을 수 있습니다.

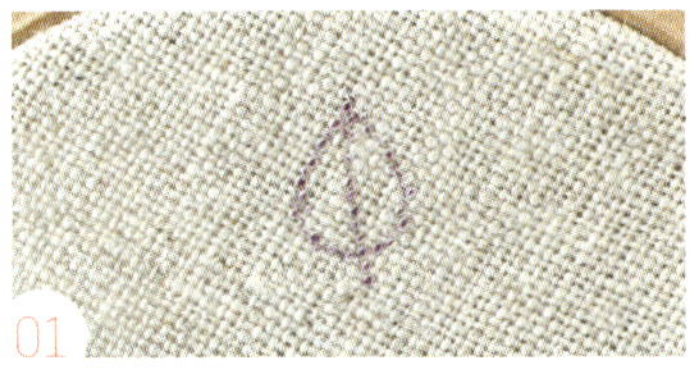
01

나뭇잎을 한 개 그려주세요. 끝을 길게 하면 뾰족한 잎사귀가 됩니다.

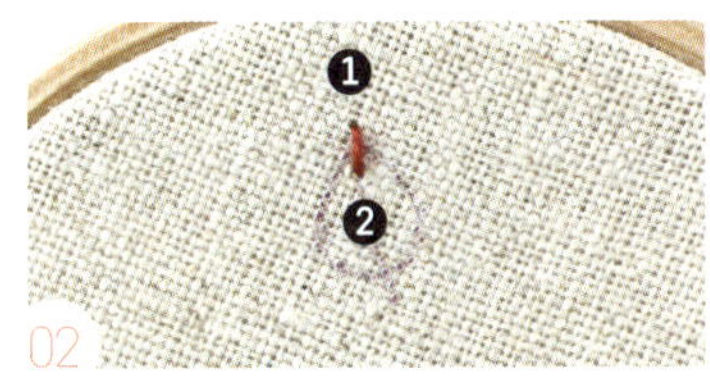

02

❶에서 나와 ❷로 바늘을 찌르면서 스트레이트 스티치를 놓습니다.

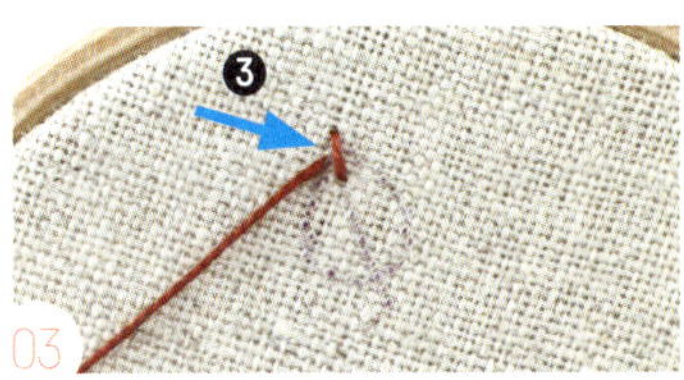

03

잎사귀의 곡선이 시작되는 왼쪽 지점 ❸으로 바늘을 뺍니다.

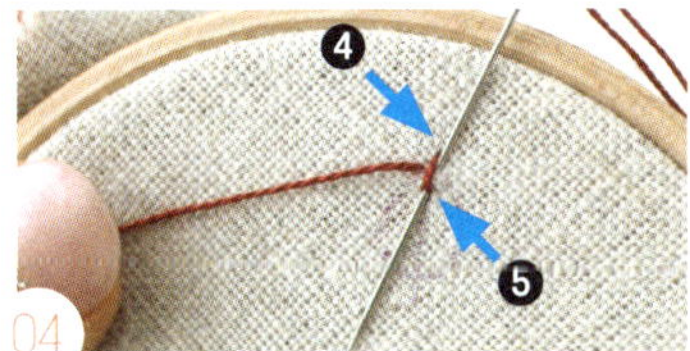

04

곡선의 오른쪽 부분 ❹으로 바늘을 찔러 중앙 선 ❺으로 한 땀 뜹니다.

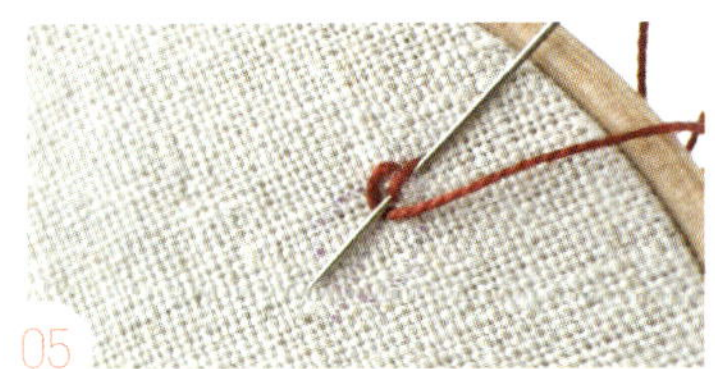
05

실을 걸어 줍니다.

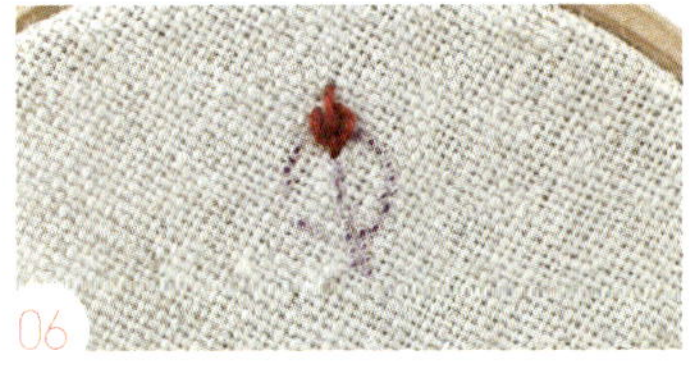
06

작은 땀으로 고정시켜줍니다.

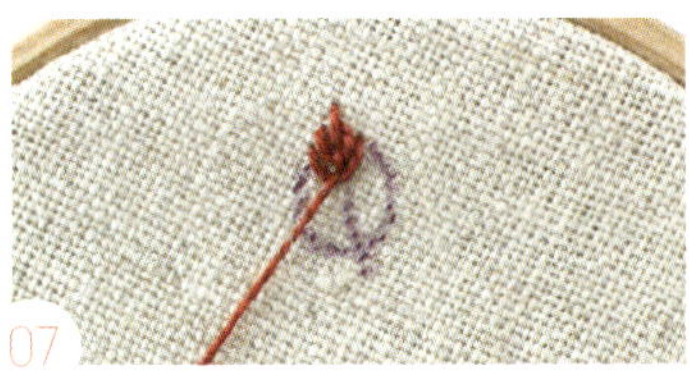
07

잎사귀의 곡선을 따라 세로로 연결된 플라이 스티치를 수놓습니다.

08

잎맥의 결을 유지하며 촘촘하게 채워줍니다.

09

완성된 리프 스티치 잎사귀

리프 스티치의 활용 예

카우칭 스티치

COUCHING STITCH

굵은 실이나 리본 등을 다른 실을 이용해 일정한 간격으로 고정시키는 기법입니다.
진행실과 고정실의 컬러 대비에 따라 다양한 느낌을 표현하실 수 있습니다.

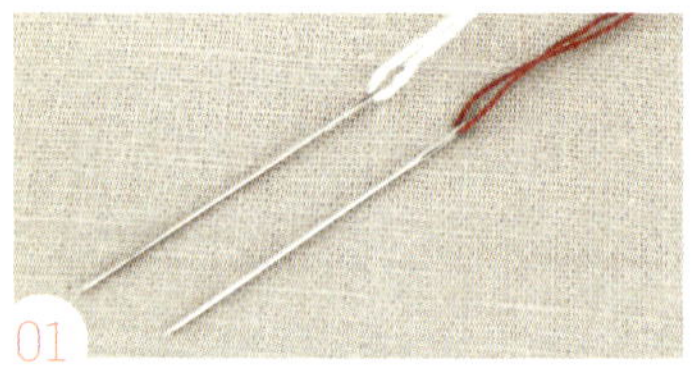

01 진행실(빨강)과 고정실(흰색)을 각각 바늘에 끼워 준비하세요.

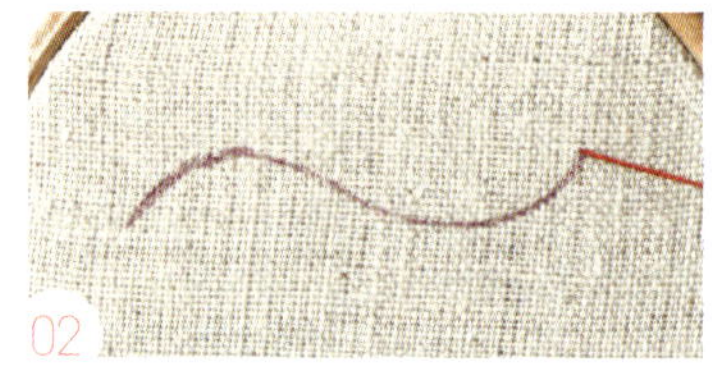

02 먼저 진행실을 도안의 시작점에서 빼줍니다.

03 일정한 간격을 두고 고정실을 도안에서 빼 줍니다.

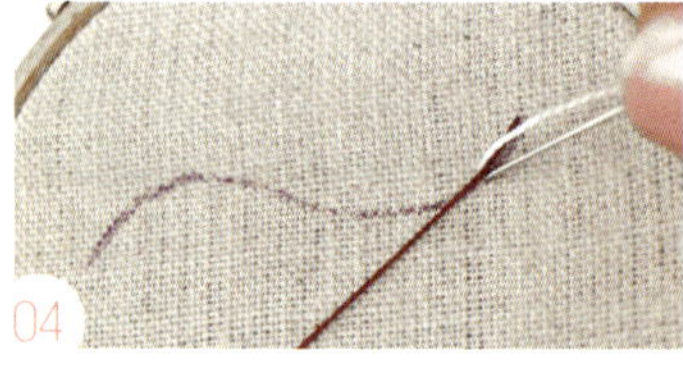

04 도안선을 따라 진행실을 올려놓은 후 짧은 땀으로 고정시켜 줍니다.

05 카우칭 스티치의 첫 땀입니다.

06 일정한 간격으로 반복하세요.

07 도안을 따라 진행한 모습니다. 도안의 끝점에서 한 땀 남겨둡니다.

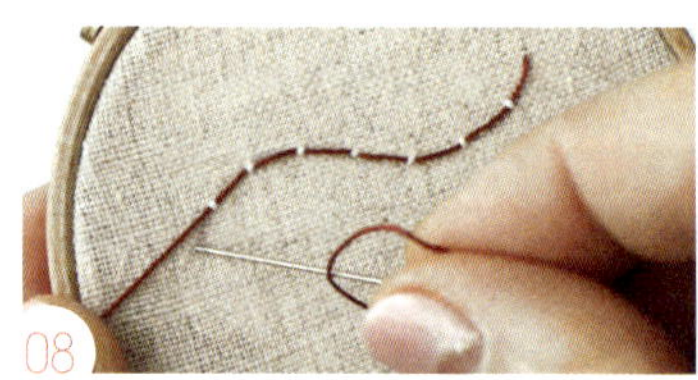

08 진행실을 먼저 도안의 끝점으로 빼 매듭을 짓고, 고정실도 매듭지어 마무리 합니다.

09 완성된 카우칭 스티치

고정해 나갈 때에는 도안 끝 부근에 진행실의 바늘을 사진처럼 꽂아 놓고 하면 편하겠지요?

카우칭 스티치의 활용 예

18

카우치드 트렐리스 스티치

COUCHED TRELLIS STITCH

트렐리스(Trellis)는 격자라는 뜻으로, 격자무늬의 교차점을 작은 땀으로 고정시켜주는 스티치입니다.
넓은 면을 채우고 싶을 때 가장 먼저 생각나는 스티치예요.

01 일정한 간격으로 격자무늬를 그려주세요.

02 스트레이트 스티치를 이용해 팽팽하게 수놓으세요.

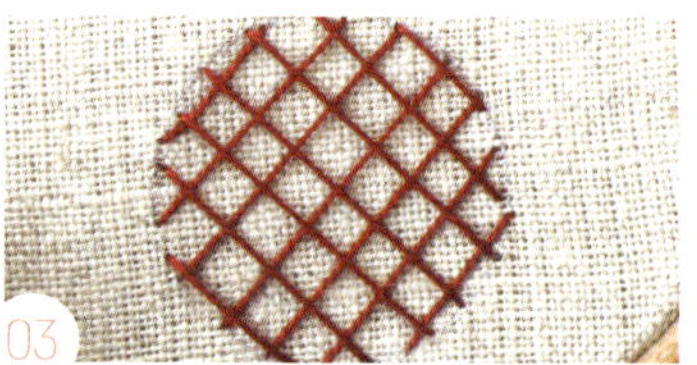

03 격자무늬가 완성되었습니다.

04 스트레이트 스티치가 교체되는 지점을 작은 땀을 이용해 고정시켜줍니다.

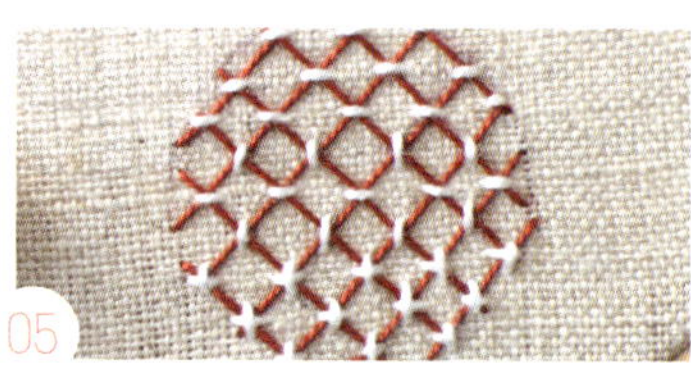

05 여러 가지 무늬로 고정시킨 모습.

카우치드 트렐리스 스티치의 활용 예

TIP

고정시키는 스티치의 모양을 달리해 보세요. 가로땀, 세로땀, 십자땀을 기본으로 두세 가지 모양을 조합하면 더욱 멋진 작품을 완성하실 수 있습니다.

새틴 스티치

SATIN STITCH

스트레이트 스티치를 반복해서 면을 채우는 스티치입니다.
스트레이트 스티치의 각도를 일정하게 하여 수놓아 아름다운 결이 흐르는 새틴 스티치를 완성해보세요.

01 도안의 모양에 따라 어울리는 결의 방향을 정합니다. 한 땀의 길이가 2cm를 넘지 않도록 합니다.

02 도안의 외곽선을 따라 백 스티치를 놓으세요.

03 정하신 결의 방향으로 중심선을 먼저 수놓습니다. 외곽선의 백 스티치를 덮듯이 스티치 합니다.

04 스트레이트 스티치의 각도에 유의하면서 중심선에서 바깥 방향으로 한쪽 면을 꼼꼼히 채워줍니다.

05 한 쪽 면을 채운 모습입니다.

06 수틀을 뒤집어 원단 뒷면에서 바늘을 통과해 실을 가운데로 이동시켜줍니다.

07 다시 중심선 바로 옆으로 바늘을 빼 다른 면도 채워줍니다.

08 깔끔하게 채워진 새틴스티치 완성

새틴 스티치의 활용 예

20

헤링본 스티치

HERRINGBONE STITCH

기하학적인 무늬를 이용해 원단의 가장자리를 장식하거나 면을 채울 때 쓰입니다.
다른 스티치들과 조합하면 더욱 아름다운 라인을 만들 수 있어요. 바느질법에서는 새발뜨기에 해당됩니다.

01 위에 선과 아래 선을 그립니다. 아래선의 왼쪽에서 시작합니다.

02 대각선 방향으로 올라가 작게 한 땀을 되돌아 뜹니다.

03 실을 당기면 사선이 만들어집니다.

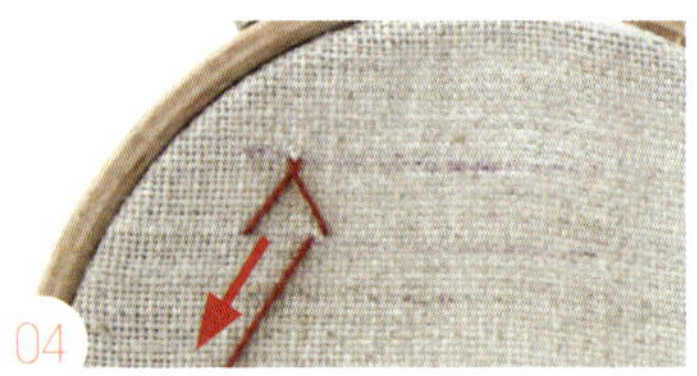

04 다시 반대 방향의 대각선으로 내려와 작게 한 땀을 뜹니다. 실을 당기면 위쪽이 교차된 두개의 사선이 만들어 집니다. 2~4를 반복합니다. 위와 아래가 교차된 사선이 기하학적인 무늬를 만듭니다.

05 완성된 헤링본 스티치

헤링본 스티치의 활용 예

TIP

되돌아 뜨는 땀의 길이에 따라 사선의 간격이 달라집니다. 간격과 평형을 유지하면서 수를 놓으세요.

21

페더 스티치

FEATHER STITCH

V자 모양의 스티치를 중심선을 따라 좌우로 번갈아 놓는 스티치입니다.

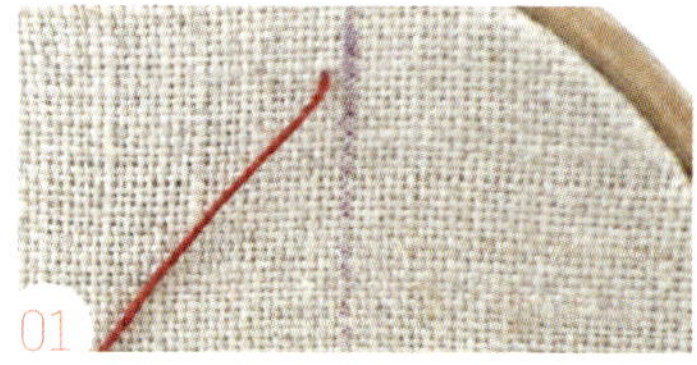

01 선의 왼쪽에서 시작합니다. 중심선에서 2mm 왼쪽에서 바늘을 뺍니다.

02 오른쪽 에서 바늘을 찌르고 이번에는 중심선에서 2mm 오른쪽으로 한 땀 떠 실을 걸어줍니다.

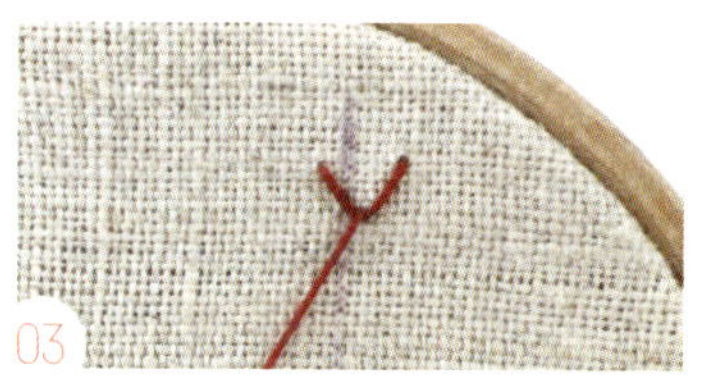

03 실을 당기면 오른쪽으로 이동한 V가 생깁니다.

04 왼쪽으로 벌려 바늘을 찌르고 또 다시 2mm 왼쪽으로 땀을 떠 실을 걸어주세요.

05 이번에는 왼쪽으로 이동한 V가 만들어졌습니다.

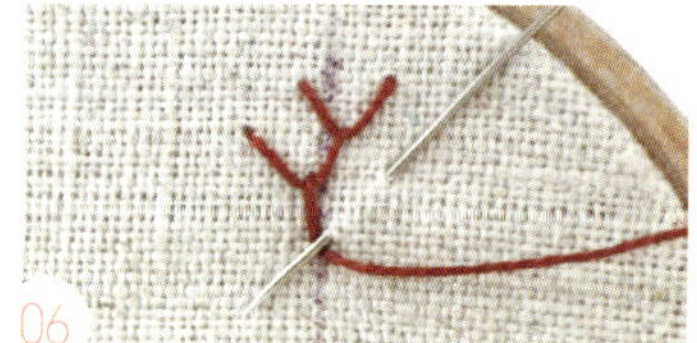

06 오른쪽으로 벌려 바늘을 찌르고 중심선을 따라 2~5를 반복합니다.

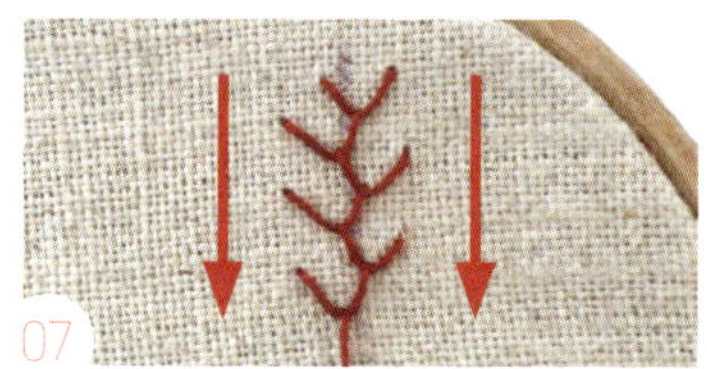

07 좌우로 V가 반복하여 스티치가 완성되면, 마지막에 고정땀으로 마무리 해줍니다.

08 완성된 페더 스티치

페더 스티치의 활용 예

롱앤숏 스티치

LONG AND SHORT STITCH

짧은 땀과 긴 땀이 서로 번갈아 진행되어서 롱앤숏 스티치입니다. 면을 메울 때 주로 쓰여요.
각 단마다 색을 바꾸어 그러데이션 효과를 줄 수 있습니다.

01

첫 번째 단(빨간색)은 스트레이트 스티치로 긴 땀(Long)과 짧은 땀(Short)을 번갈아 진해 합니다.

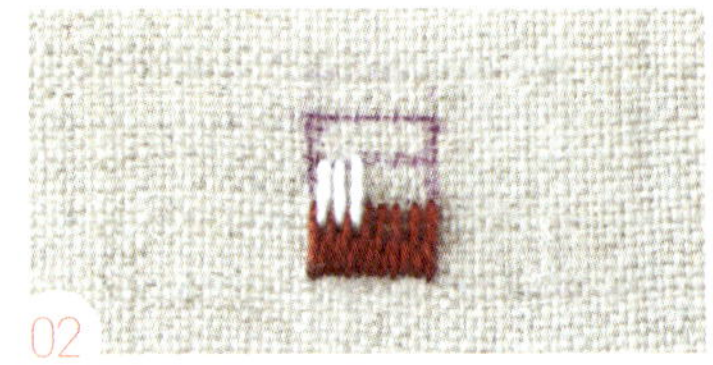

02

두 번째 단(흰색)부터는 앞의 단의 짧은 땀과 만나는 부분만 스트레이트 스티치를 합니다.

03

두 번째 단 완성모습. 2~3 과정을 반복해서 다른 색의 실로 차곡차곡 단을 높일 수도 있어요.

04

마지막 단은 롱과 숏을 모두 진행합니다. 빨단 단과 만나는 부분은 롱을, 흰 단과 만나는 부분은 숏을 스트레이트 스티치로 수놓습니다

05

완성된 롱앤숏 스티치

롱앤숏 스티치의 활용 예

리브드 스파이더 웹

LIBBED SPIDER WEB STITCH

스파이더 웹 로즈 스티치와 함께 동그란 꽃이나 별 모양을 그리는 스티치입니다.
스트레이트 스티치로 기둥을 세운 후 기둥을 감아 모양을 만들어 줍니다. 스파이더 웹 로즈 스티치와는 다르게
기둥 개수는 자유로운 편이지만 보통은 6개 또는 8개의 기둥을 많이 사용합니다.

01

원을 6등분 한 뒤 스트레이트 스티치로 길이가 같은 6개의 기둥을 세우세요. 여기서는 구분을 위해 흰 실로 기둥을 세웠어요.

02

중심점 가까이에서 바늘을 뺍니다.

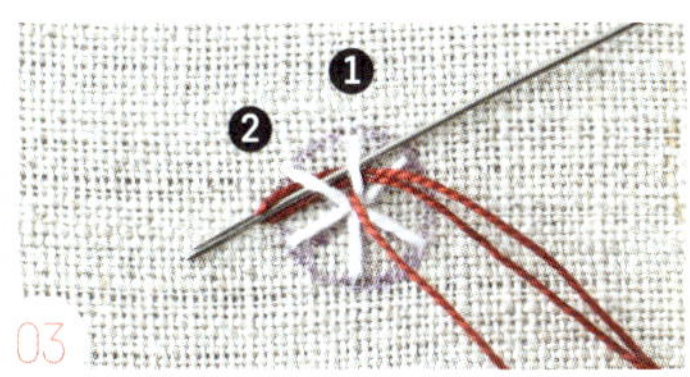

03

실은 중심점 쪽으로 놓은 뒤 실이 걸려있는 두개의 기둥 ❶과 ❷를 한꺼번에 통과합니다. 이때, 천은 뜨지 않고 기둥 실만 통과합니다.

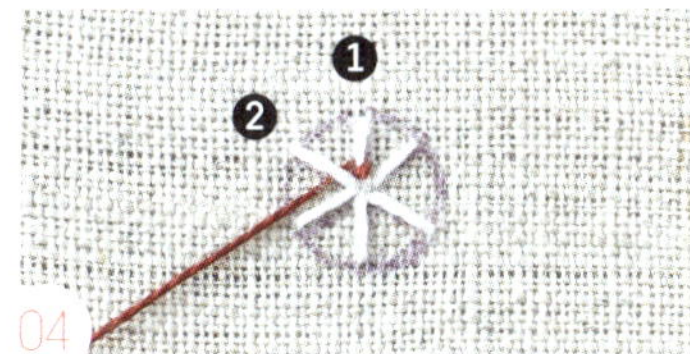

04

실을 당기면 오른쪽 기둥 ❶은 감겨 있고 왼쪽으로 한 칸 옮겨져 있습니다.

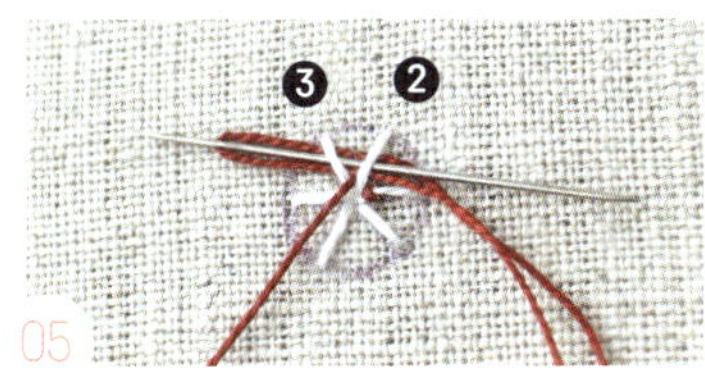

05

다시 실은 중심점 쪽으로 놓은 뒤 실이 걸려있는 두 개의 기둥 ❷과 ❸을 한꺼번에 통과하기를 반복해주세요.

06

반복하면 안쪽에서 바깥쪽으로 실이 기둥을 감으며 이동합니다. 이 과정을 기둥이 보이지 않을 때까지 해주세요.

07

마지막 기둥의 오른쪽에 바짝 붙여 바늘을 찔러 뺍니다.

08

세워진 기둥이 통통해지면서 골이 만들어졌습니다. 리브드 스파이더 웹 스티치 완성!

리브드 스파이더 웹 스티치의 활용 예

번들 스티치

BUNDLE STITCH

묶음이란 의미의 번들 스티치는 스트레이트 스티치들의 가운데를 묶듯이 고정해 리본 모양을 만들어 주는 스티치예요. 리본이나 나비 등을 간단하게 표현하기 좋은 스티치입니다.

01

먼저 길이가 같은 스트레이트 스티치를 4~5개 스티치 해 사각형을 만듭니다.

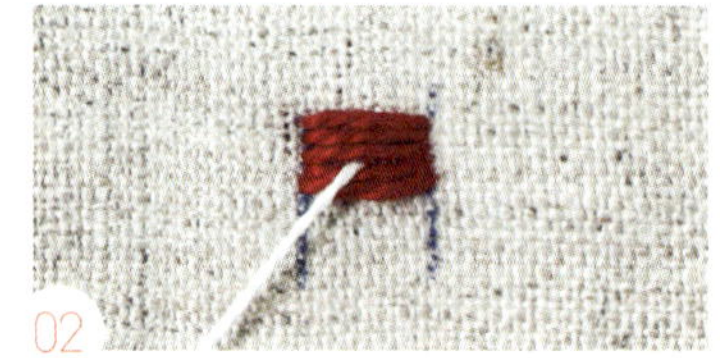

02

같은 실, 또는 다른 색 실로 사각형의 중심 근처에서 바늘을 뺍니다.

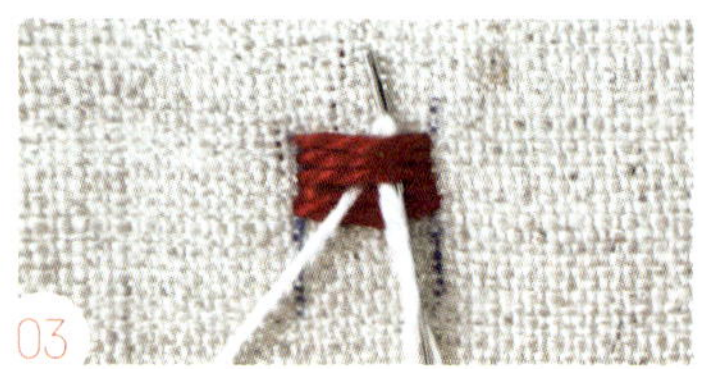

03

바늘귀를 이용하여 스트레이트 스티치의 위쪽 또는 아래쪽으로 바늘을 통과시킵니다.

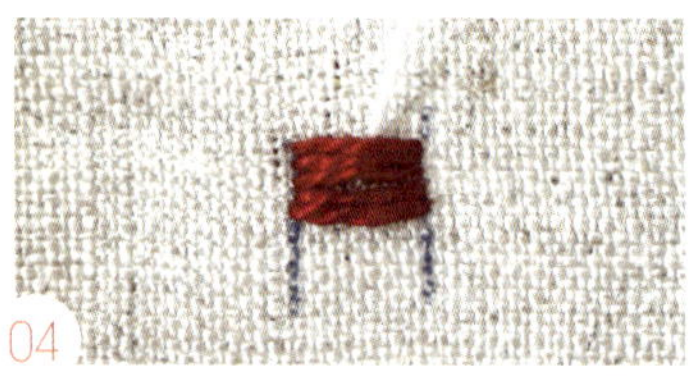

04

보시면 흰 실이 한쪽으로 치우쳐 있지요?

05

다시 바늘귀를 이용해 이번에는 전체를 한꺼번에 통과시킵니다.

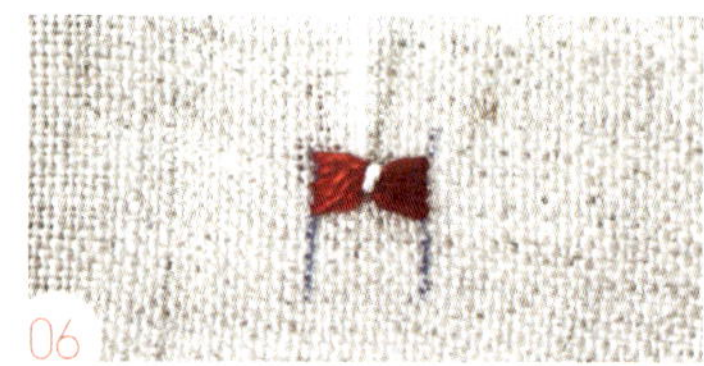

06

실을 당기면 가운데 부분이 묶인 듯한 모양이 생깁니다.

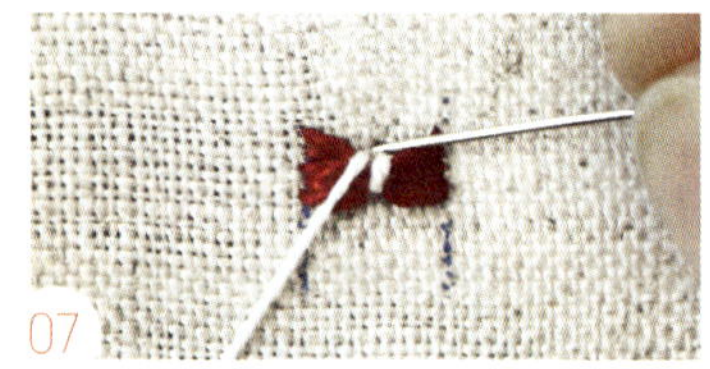

07

실을 당겨 바늘을 가운데에 숨겨 꽂아 뒤쪽으로 뺍니다.

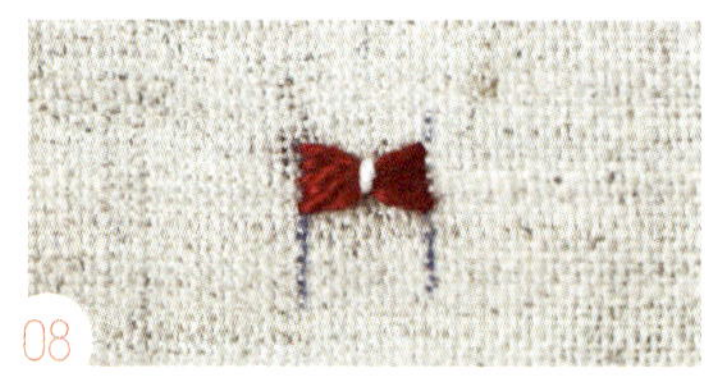

08

가운데가 잘록한 번들 스티치 완성!

번들 스티치의 활용 예

디테치드 버튼홀 스티치

DETACHED BUTTONHOLE STITCH

버튼홀 스티치의 변형인 디테치드 버튼홀 스티치는 원단은 뜨지 않고 기둥 실만 통과하여 걸어주듯 버튼홀 스티치 하는 기법이에요. 기둥 스티치로는 주로 버튼홀, 백, 체인, 스트레이트 스티치 등이 쓰여요. 입체적인 느낌을 주고 싶을 때 사용해 보세요. 이 책에서는 기둥도 버튼홀 스티치로 하였습니다.

01

일정한 간격의 버튼홀 스티치로 기둥을 세워줍니다. 시작하는 버튼홀 스티치 안쪽으로 실을 뺍니다. 구분을 위해 흰색 실을 사용했어요.

02

같은 칸으로 바늘귀를 이용해 기둥 실을 통과합니다. 이때, 원단은 통과하지 않고 실만 통과합니다.

03

실을 바늘 밑에 걸고(버튼홀 스티치) 바늘을 순방향으로 빼 당깁니다. 고리가 생겼나요?

04

같은 방법으로 칸을 옮겨가며 스티치 합니다. 더 풍성하게 하고 싶으면 한 칸에 두 번씩 합니다. 고리의 크기가 일정하게 당겨야 완성된 모양이 예뻐요.

05

도안의 끝 지점에서는 기둥 스티치의 바깥쪽에 짧은 고정 땀으로 마무리 합니다. 원의 경우 첫 스티치의 안쪽으로 바늘을 찔러 마무리 해주세요.

06

디테치드 버튼홀 스티치 완성

디테치드 버튼홀 스티치의 활용 예

26

피쉬본 스티치

FISHBONE STITCH

플라이 스티치와 함께 잎사귀 스티치로 많이 쓰입니다. 가운데 부분을 서로 교차하며 수놓는 것이 특징입니다.

01

잎사귀에 중심선을 그려주세요.

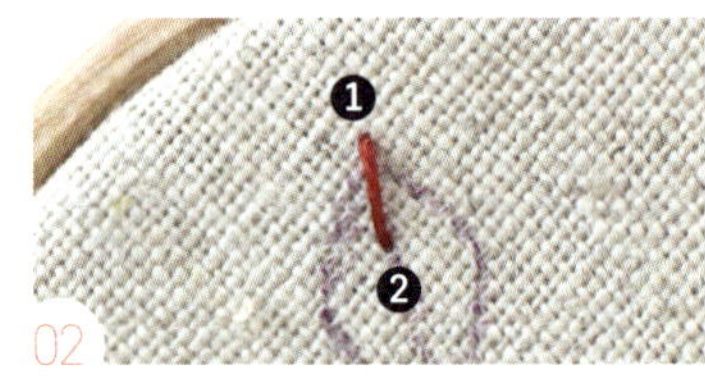
02

❶에서 나와 ❷로 바늘을 찌르면서 스트레이트 스티치를 놓습니다.

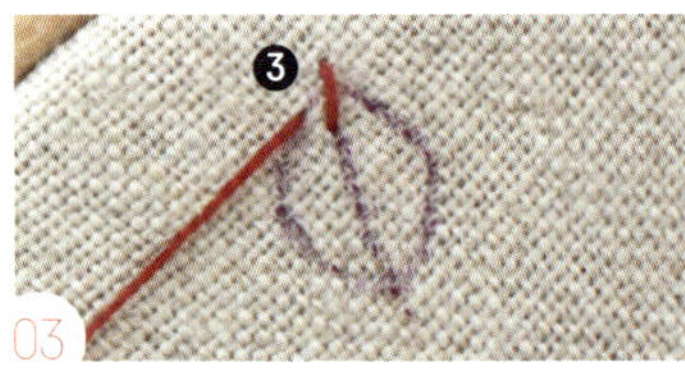
03

잎사귀의 곡선을 따라 왼쪽으로 바늘을 뺍니다. (❸)

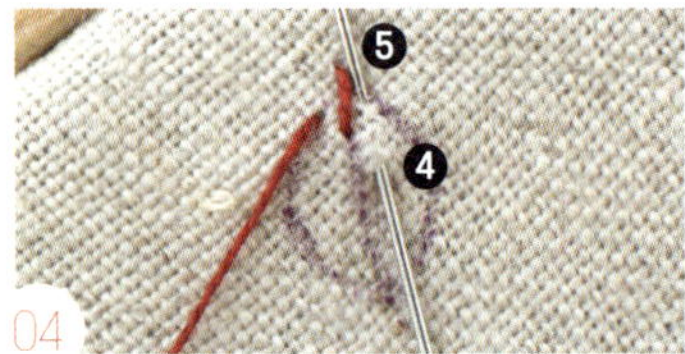
04

사선 방향으로 중심선 오른쪽 ❹에서 바늘을 찔러 다시 곡선의 오른쪽 ❺으로 나옵니다.

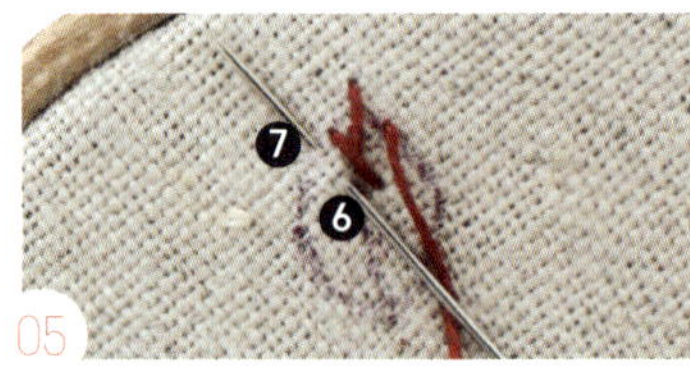
05

이번에는 반대 사선 방향으로 중심선 왼쪽 ❻에서 바늘을 찔러 다시 곡선을 따라 왼쪽 ❼으로 나오세요.

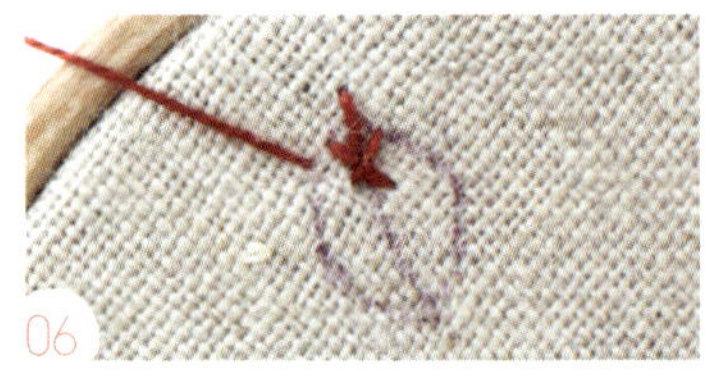
06

아래쪽이 교차된 X가 스티치 되었어요.

07

같은 방법으로 곡선을 따라 반복하세요.

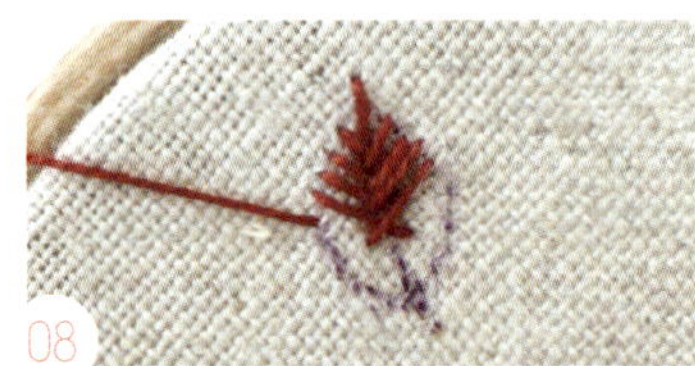
08

아래쪽으로 사선이 겹치며 잎을 채워 나갑니다.

09

마지막엔 가운데로 바늘을 빼 마무리 합니다.

10

스트레이트 스티치로 잎자루를 그리면 완성! 여러 가지 모양의 나뭇잎을 그릴 수 있습니다.

피쉬본 스티치의 활용 예

바스켓 스티치

BASKET STITCH

이름 그대로 바구니 스티치예요.

스파이더 웹 로즈와 비슷한데 한 줄, 한 줄, 원단에 고정을 하며 진행하는 것이 다릅니다.

01 바구니 모양의 도안에 일정한 간격으로 칸을 나눕니다.

02 스트레이트 스티치로 기둥을 세웁니다. 구분을 위해 기둥의 색을 흰색으로 했습니다.

03 둥근 도안의 경우 기둥의 길이가 달라도 괜찮습니다.

04 시작점에서 실을 뺍니다.

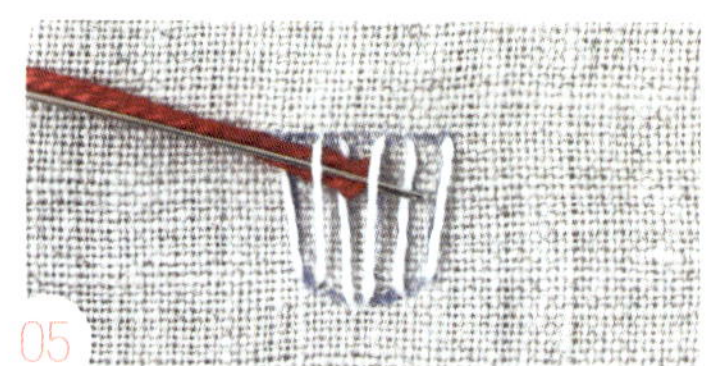

05 바늘귀를 이용해 기둥을 하나씩 건너며 통과합니다.

06 마지막 기둥 밑으로 실을 숨겨 찔러줍니다.

07 바로 아래로 바늘을 빼 되돌아갑니다. 이때 같은 기둥의 위쪽과 반대로 건너며 통과합니다.

08 처음 기둥 밑으로 실을 숨겨 찌른 후 바로 아래로 바늘을 빼 줍니다.

09 도안을 따라 밑으로 내려가며 4~8 과정을 반복합니다.

곡선 부분은 기둥을 양쪽으로 하나씩 줄여가며 합니다.

기둥과 기둥의 중간으로 바늘을 빼고 넣습니다.

바스켓 스티치 완성!

바스켓 스티치의 활용 예

3 동화자수의 세계로

일러두기

- 각 작품마다 사용한 원단, 스티치, 실의 종류와 색깔, 작품의 사이즈 등을 표기했습니다.
- 표기한 사이즈는 도안의 사이즈를 의미하고, 수틀 작품의 경우에는 별도로 지름 사이즈를 표기했습니다.
- 이 책에 사용된 기본 실은 DMC 25번사입니다. 그 외에 사용된 앵커사의 실은 각 실 옆에 (A)로 별도 표기하였습니다.
- 각 도안에 표기된 스티치와 실 설명은 아래 예시를 참고하세요.

< 스티치 표기 예시 >

기본 표기 스티치

01 **체인 746(2)** ···› 746번 실 두 가닥 사용한 체인 스티치

두 가지 이상의 색이 필요한 스티치

02 **카우칭 209(3)** / **518(2)** ···› 209번 실 세 가닥과 518번 실 두 가닥 사용(209번 진행실, 518번 고정실)

휘프드 체인 550(4) / **581(6)** ···› 550번 실 네 가닥과 581번 실 여섯 가닥 사용(550번 체인 스티치, 581번 휘프드)

한 가지 스티치를 두 가지 이상의 색으로 수놓는 스티치

03 **프렌치 노트 3854(2)** & **598(2)** ···› 3854번 실 두 가닥과 598번 실 두 가닥으로 프렌치 노트 스티치

버튼홀 817(3) & **3853(3)** & **3855(3)** & **518(3)** ···› 표기된 실 컬러와 가닥수에 따라 차례로 버튼홀 스티치

한 가지 색으로 두 가지 이상의 스티치를 함께 수놓는 스티치

04 **백** + **하프백 517(2)** ···› 517번 실 두 가닥으로 백 스티치 한 후, 이어서 하프백 스티치

두 가지 이상의 색의 실을 섞는 스티치

05 **레이지 데이지 744(2)** + **blanc(1)** ···› 744번 실 세 가닥과 blanc(흰색) 실 한 가닥을 섞어서 레이지 데이지 스티치

#1

ONCE UPON A TIME

먹고, 자고, 놀고, 읽고, 즐기고.

소년과 소녀들은

온몸으로 세상을 느끼면서 마침내 커다란 꿈과 함께 날아오릅니다.

그리고 나는 그 꿈을 프랑스 자수로 수놓습니다.

01

READING, DREAMING & STITCHING!

Reading, Dreaming & Stitching!

Size 140 X 190mm **원단** 화이트 린넨

사용한 실 DMC 25번사 840, 550, 209, 760, 746, 352, 930, 745, 732, 959, 964, 4501

사용한 스티치 아웃라인, 아웃라인 필링, 레이지 데이지, 백, 하프 백, 스트레이트, 새틴, 번들, 체인

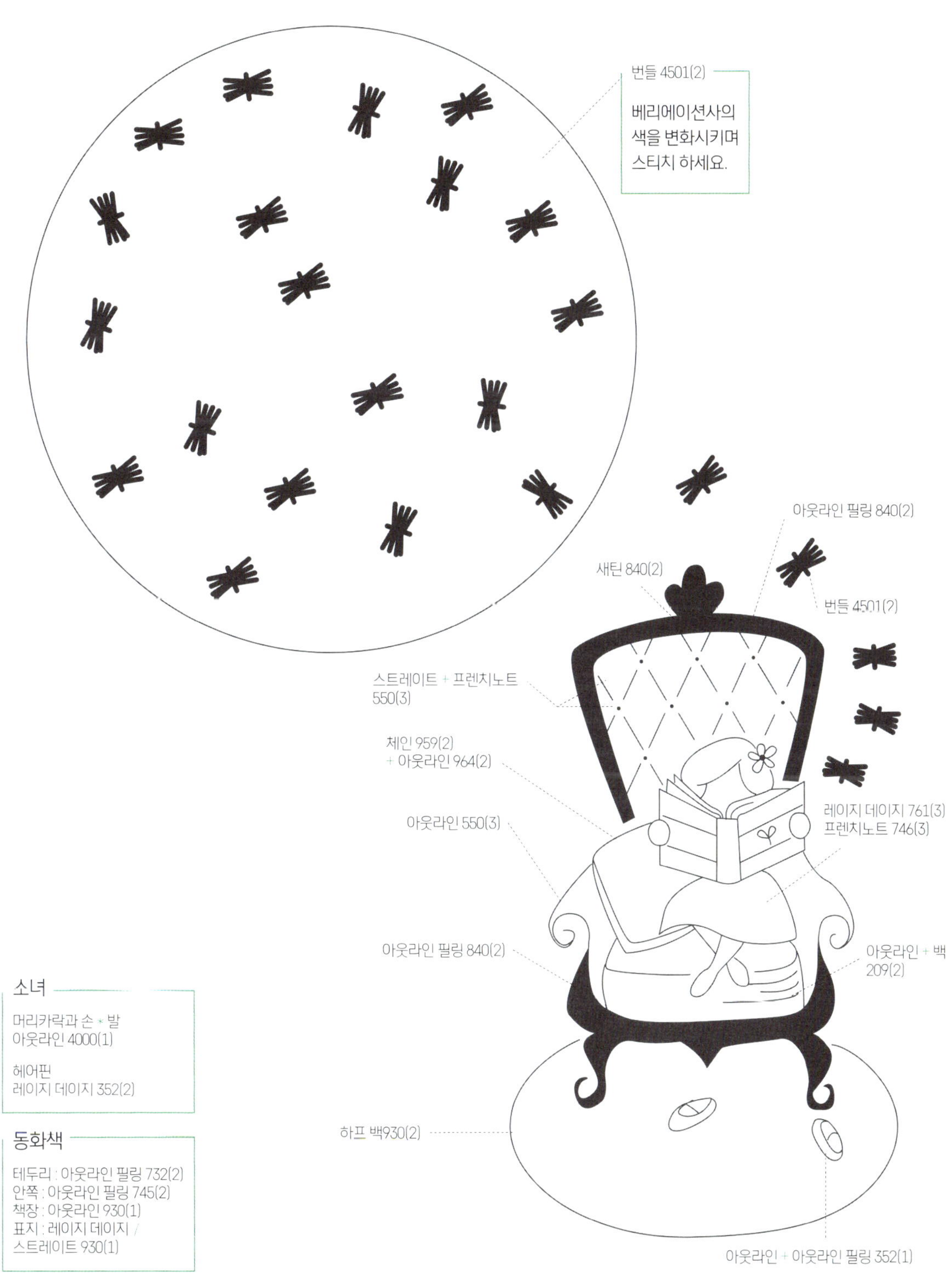

소녀

머리카락과 손 + 발
아웃라인 4000(1)

헤어핀
레이지 데이지 352(2)

동화책

테두리 : 아웃라인 필링 732(2)
안쪽 : 아웃라인 필링 745(2)
책장 : 아웃라인 930(1)
표지 : 레이지 데이지 / 스트레이트 930(1)

옛날 옛날에…. 이야기책은 늘 이렇게 시작됩니다.

옛날 옛날에 용감한 형제가 살았는데…. 옛날 옛날에 마법에 걸린 공주님이 있었는데….
그래서 "옛날 옛날에"라는 말은 우리의 눈과 귀를 사로잡고, 마음을 끌어당기는 마법의 주문처럼 느껴집니다.

그럼 우리도 함께 주문을 외우며 떠나볼까요?

모험과 두려움, 설렘과 슬픔,
그리고 아름다운 사랑 이야기가 있는 세계로.

Once upon
a time

ONCE UPON A TIME

Size 85 X 55mm **원단** 30수 코튼(rose garden)

사용한 실 DMC 25번사 3740, 930, 518

사용한 스티치 아웃라인, 백, 새틴

TIP

사랑스러운 rose garden 원단에 가늘고 짙게 수를 놓았습니다. 프린트 원단을 사용하실 때는 채도가 높은 컬러의 실을 사용해 보세요. 원단과 자수가 자연스럽게 어울리는 느낌을 줄 수 있답니다.

#2

알록달록 물고기

본격적인 작업에 앞서 함께 알록달록 물고기를 수놓아보아요.

알록달록 물고기는 이 책에 소개 된 기본 스티치들을 모아놓은 스티치 샘플러입니다.
하나쯤 만들어두면 앞으로의 작업에 유용하게 쓸 수 있어요.

보다 쉽게 완성하실 수 있도록 번호를 표기해두었으니 차근차근 예쁘게 완성해보세요.

알록달록 물고기로 시작하는 스티치 샘플러

Size 155 X 130 mm **원단** 화이트 린넨

사용한 실 DMC 25번사 817, 350, 3854, 744, 472, 598, 518, 517, 211, 210, 3836, 209, 732, 4000

사용한 스티치 러닝 스티치 외 22가지 기본 스티치

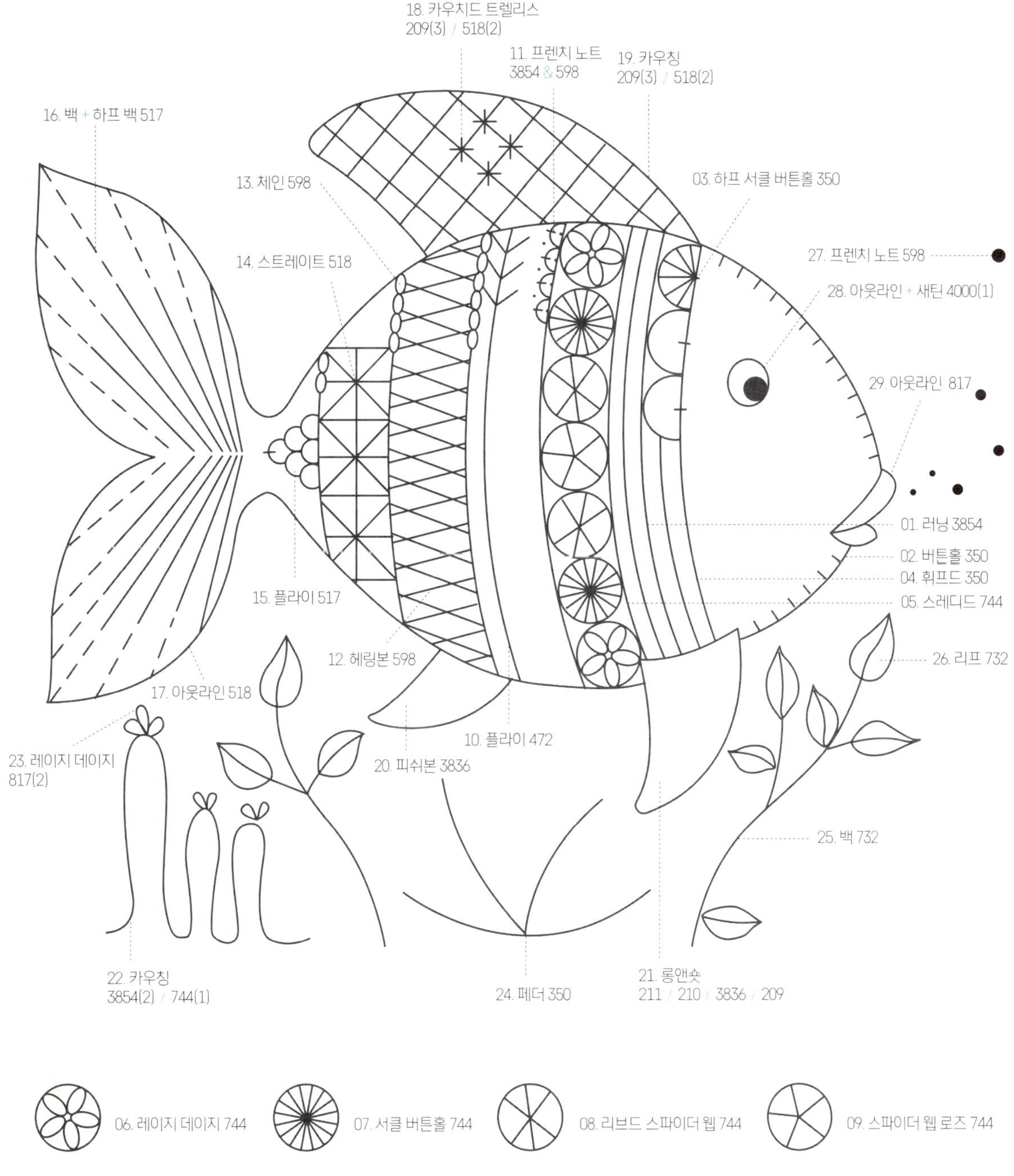

06. 레이지 데이지 744 07. 서클 버튼홀 744 08. 리브드 스파이더 웹 744 09. 스파이더 웹 로즈 744

TIP

1번 러닝 스티치부터 번호 순서대로 스티치 하세요. 실가닥수는 특별한 표시가 없다면 세 가닥입니다.

#3

어린왕자

사막 여우, 소행성 B612, 장미, 보아뱀과 코끼리, 금빛 머리칼과 오후 세 시.
생텍쥐페리의 시선이 녹아 있는 문장들은 마치 여우를 길들이는 어린왕자처럼 천천히 우리를
길들입니다. 그래서일까요? 밀밭과 노을을 볼 때면 어린 왕자와 여우의 대화가 생각나는 건?

밤하늘에 총총 박혀있는 별들. 어깨를 붙이고 나란히 앉은 두 친구.
정겨움과 외로움, 길들여짐과 그리움이 두 친구의 어깨에 앉아 있네요.

아웃라인 스티치와 체인 스티치, 백 스티치의 섬세한 질감 차이를 확인하며

수놓는 재미를 느껴보세요.

LE PETIT PRINCE

왕자와 여우

Size 지름 105 mm **원단** 남색 하프 린넨
사용한 실 DMC 25번사 blanc, 744, 598
사용한 스티치 아웃라인, 백, 플라이, 체인, 카우칭, 프렌치 노트, 스트레이트, 아웃라인 필링

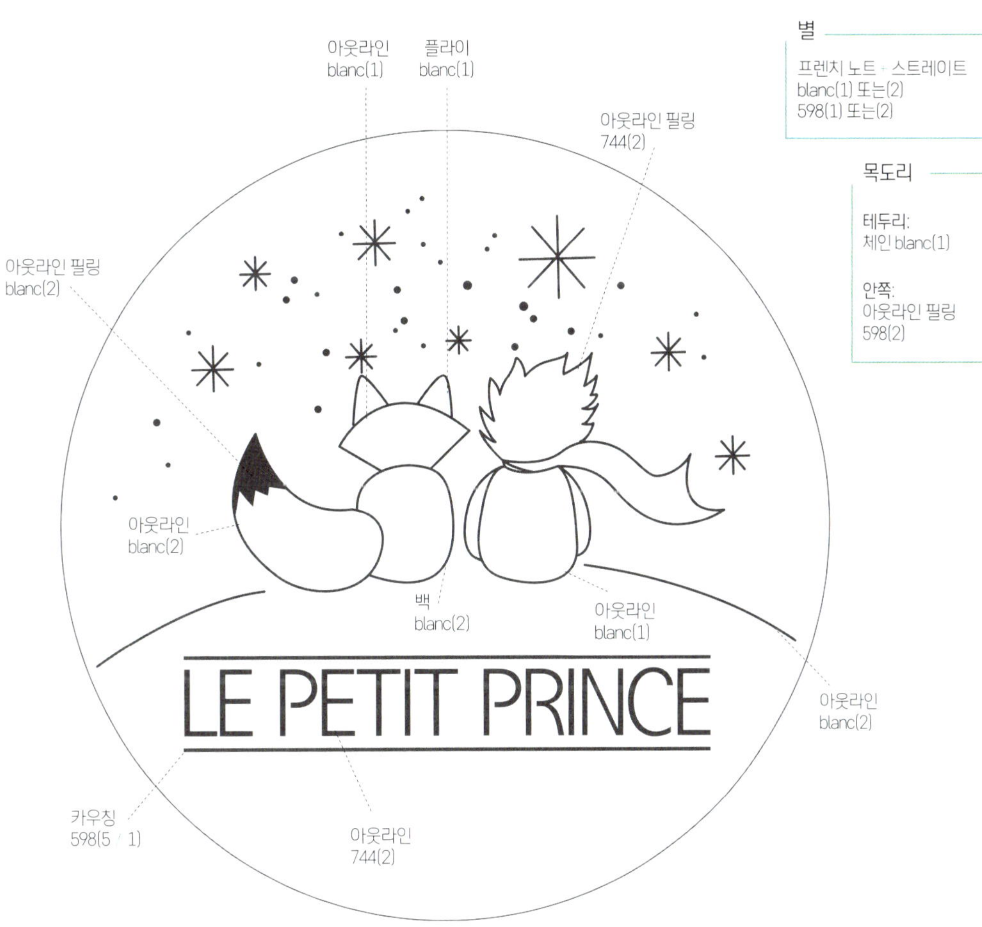
아웃라인
blanc(1)
플라이
blanc(1)
아웃라인 필링
744(2)
별
프렌치 노트 + 스트레이트
blanc(1) 또는(2)
598(1) 또는(2)
목도리
테두리:
체인 blanc(1)
안쪽:
아웃라인 필링
598(2)
아웃라인 필링
blanc(2)
아웃라인
blanc(2)
백
blanc(2)
아웃라인
blanc(1)
아웃라인
blanc(2)
LE PETIT PRINCE
카우칭
598(5 / 1)
아웃라인
744(2)

빨강으로 가득 채워야만 빨강은 아니겠죠.

강조하고 싶은 것은 오히려 아끼고 숨겨 보세요. 때로는 숨겨진 것들이 더 잘 보인답니다.
네 개의 가시를 품은 어린왕자의 장미 한 송이.

차콜 톤의 컬러와 아웃라인 스티치로 밑그림을 그리듯 수놓은 후, 빨간 장미 꽃잎을 수놓아 보세요.
더 도도하고 보석 같은 빨강을 만나실 수 있습니다.

my only one...

MY ONLY ONE

장미

Size 70 X 90 mm **원단** 화이트 린넨

사용한 실 DMC 25번사 317, 817, 931, 4030, 은사

사용한 스티치 아웃라인, 프렌치 노트, 스트레이트, 하프 백

아웃라인
817(1)
프렌치노트
817(3)
스트레이트
은사(1)
아웃라인
317(1)
하프 백 817(3)
아웃라인 931(1)
아웃라인
931(1)
my only one
아웃라인
4030(1)

여우는 늘 호기심을 불러일으키는 친구입니다.

새초롬하면서도 정겨움이 있지요.
아기 여우의 풍성한 앞가슴과 꼬리, 굳게 디딘 작은 발, 쫑긋한 귀를 사랑하지 않을 수 있을까요?

롱앤숏, 새틴, 필링 기법 등으로 면을 채우면 섬세하고 고운 자수를 만날 수 있습니다.
그리고 꽃이나 별을 표현하는 스티치들을 이용하여 면을 채우는 것도 즐거운 작업입니다.
스티치에 정해진 역할은 없습니다. 여러 가지 기법들로 다양한 표현을 시도해보세요.

여우와 친구들

Size 115 X 90 mm **원단** 연두색 하프 린넨

사용한 실 DMC 25번사

여우: 3853, 720, blanc, 310, 318 덩쿨: 597, 318, 3823 버섯과 그루터기: 817, 746, 433 새: 1345(A)

사용한 스티치 아웃라인, 체인, 롱앤숏, 레이지 데이지, 하프 서클 버튼홀, 프렌치 노트, 스트레이트, 휘프드 러닝, 스레디드 러닝, 피쉬본, 새틴, 리프

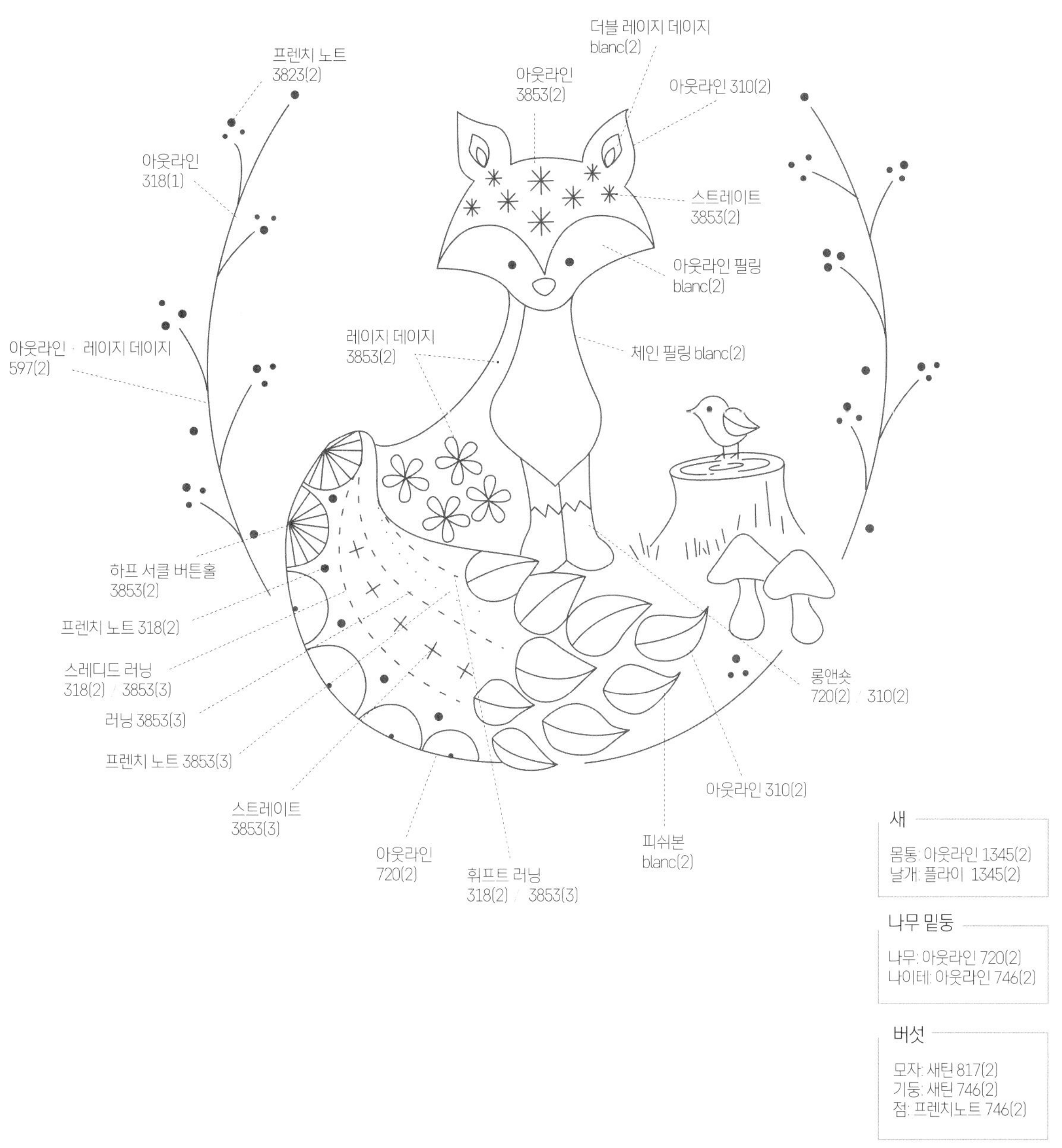

새
몸통: 아웃라인 1345(2)
날개: 플라이 1345(2)

나무 밑둥
나무: 아웃라인 720(2)
나이테: 아웃라인 746(2)

버섯
모자: 새틴 817(2)
기둥: 새틴 746(2)
점: 프렌치노트 746(2)

여름 밤, 별들 사이에서 B612를 찾아보신 적이 있나요?

어린 시절, 달에 사는 토끼를 찾듯이 B612와 그곳에 살고 있을 장미와 여우, 보아뱀을 찾아보곤 했지요.
지금은 더 이상 그들을 찾지 않는 어른이 되었지만 어릴 적 그 마음으로 수를 놓아봅니다.

여기서는 다양한 친구들을 수놓아 보는 시간을 가질 거예요. 각각의 캐릭터들에게 말을 걸며 수를 놓아보세요.
흰색과 빨간색, 그리고 파란색의 세 가지 색으로 더블 휘프드 러닝 스티치를 이용해
테두리를 꾸미는 즐거움은 제일 마지막으로 미뤄두시면 좋겠지요?

B612

소행성 B612

Size 지름 140 mm (수틀 지름 180mm) **원단** 내추럴 린넨

사용한 실 DMC 25번사

장미: 817, 931, 744, 964, blanc 별: 744, 964 동물들: blanc, 3853, 4000, 931 그외: 4000, 351, 4066 테두리: 817, blanc, 931

사용한 스티치 아웃라인, 스파이더 웹 로즈, 카우치드 트렐리스, 프렌치 노트, 백, 새틴, 스트레이트, 하프 백, 더블 휘피드 러닝

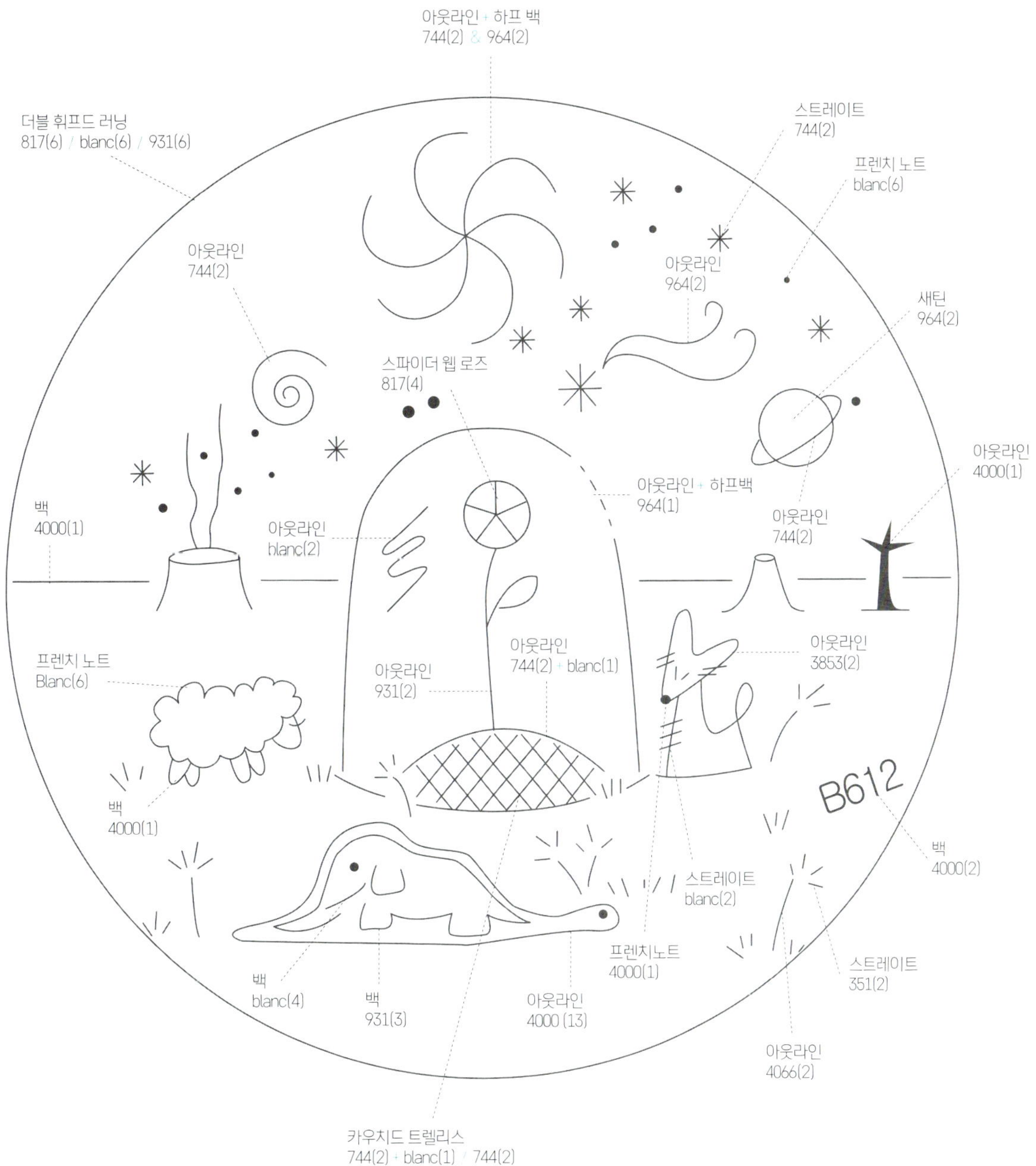
아웃라인 + 하프 백
744(2) & 964(2)
더블 휘프드 러닝
817(6) / blanc(6) / 931(6)
스트레이트
744(2)
프렌치 노트
blanc(6)
아웃라인
744(2)
아웃라인
964(2)
새틴
964(2)
스파이더 웹 로즈
817(4)
아웃라인
4000(1)
백
4000(1)
아웃라인
blanc(2)
아웃라인 + 하프백
964(1)
아웃라인
744(2)
아웃라인
744(2) + blanc(1)
아웃라인
3853(2)
프렌치 노트
Blanc(6)
아웃라인
931(2)
B612
백
4000(1)
백
4000(2)
스트레이트
blanc(2)
프렌치노트
4000(1)
스트레이트
351(2)
백
blanc(4)
백
931(3)
아웃라인
4000 (13)
아웃라인
4066(2)
카우치드 트렐리스
744(2) + blanc(1) / 744(2)

왕자와 여우 필통

앞에서 배운 도안을 응용하여, 예쁜 자수 소품을 만들어볼까요?

Size 180 X 70 X 20 mm **원단 및 재료** 남색 하프 린넨, 별무늬 린넨, 20cm 지퍼

사용한 실 DMC 25번사 blanc, 744, 598

사용한 스티치 아웃라인, 백, 플라이, 체인, 카우칭, 프렌치 노트, 스트레이트

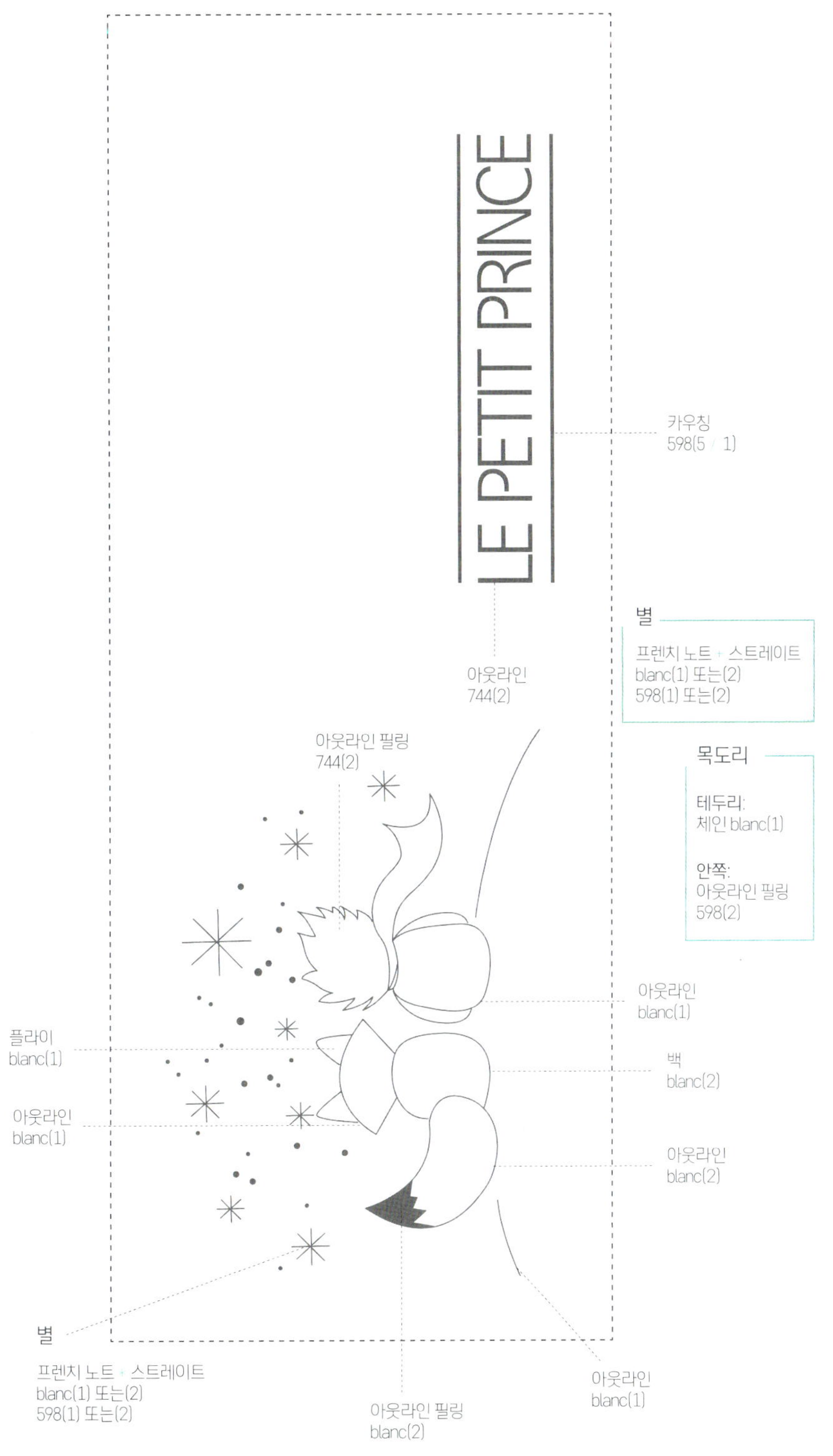
LE PETIT PRINCE
카우칭
598(5 / 1)
별
프렌치 노트 + 스트레이트
blanc(1) 또는(2)
598(1) 또는(2)
아웃라인
744(2)
아웃라인 필링
744(2)
목도리
테두리:
체인 blanc(1)
안쪽:
아웃라인 필링
598(2)
아웃라인
blanc(1)
플라이
blanc(1)
백
blanc(2)
아웃라인
blanc(1)
아웃라인
blanc(2)
별
프렌치 노트 + 스트레이트
blanc(1) 또는(2)
598(1) 또는(2)
아웃라인
blanc(1)
아웃라인 필링
blanc(2)

프렌즈 크로스백

앞에서 배운 도안을 응용하여, 예쁜 자수 소품을 만들어볼까요?

Size 150 X 200 X 30 mm **원단 및 재료** 연두색 하프 린넨, 내추럴 하프 린넨, 카멜색 인조 가죽, 가죽 끈

사용한 실 DMC 25번사, 여우: 3853, 720, blanc, 310, 318 덩굴: 597, 318, 3823

버섯과 그루터기: 817, 746, 433 새: 1345(A) 글씨: 3888, 746

사용한 스티치 아웃라인, 체인, 롱엔 숏, 레이지 데이지, 하프 서클 버튼홀, 프렌치 노트, 리프, 휘프드 러닝, 스레디드 러닝, 스트레이트 , 피쉬본, 새틴

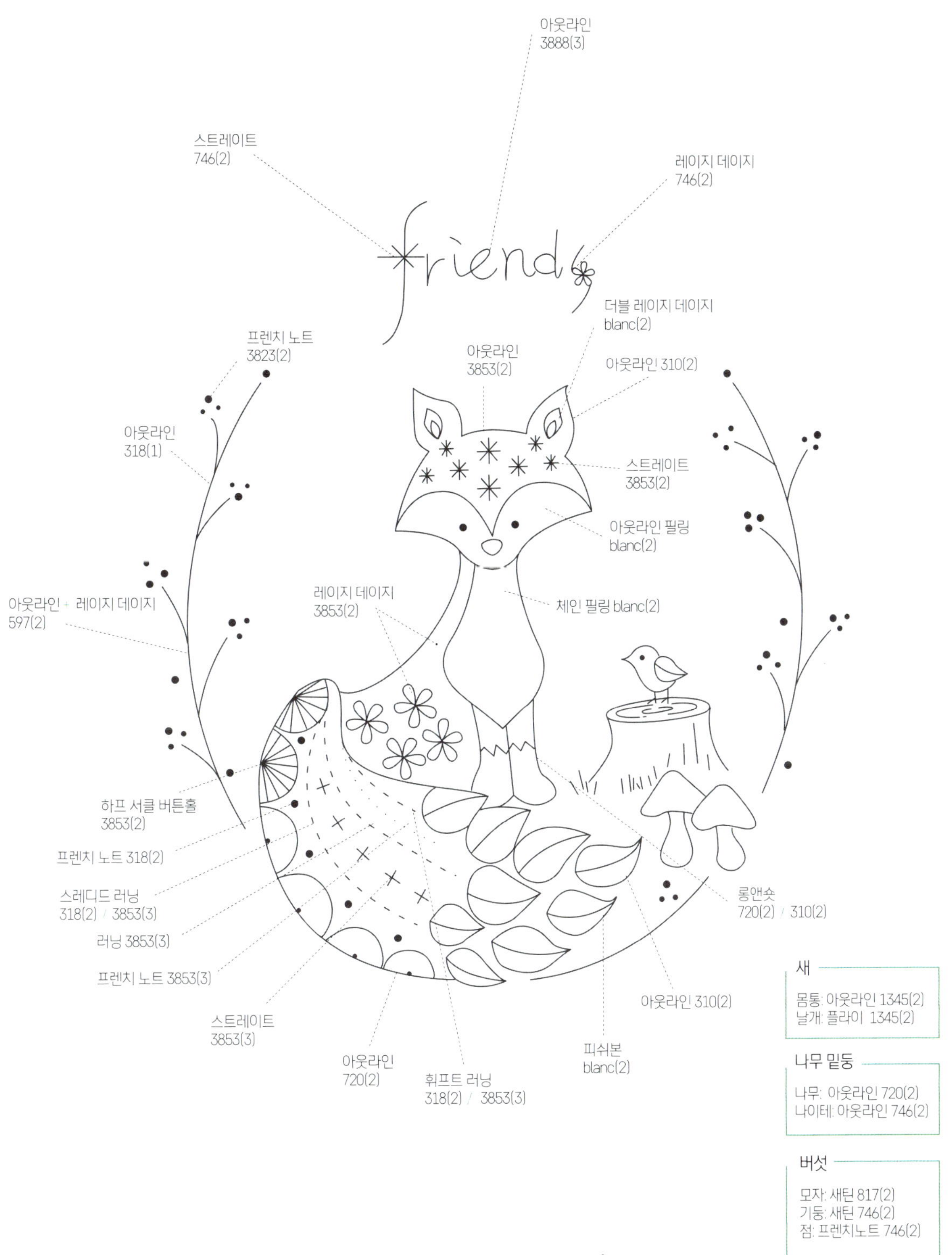
아웃라인
3888(3)
스트레이트
746(2)
레이지 데이지
746(2)
friends
더블 레이지 데이지
blanc(2)
프렌치 노트
3823(2)
아웃라인
3853(2)
아웃라인 310(2)
아웃라인
318(1)
스트레이트
3853(2)
아웃라인 필링
blanc(2)
아웃라인 + 레이지 데이지
597(2)
레이지 데이지
3853(2)
체인 필링 blanc(2)
하프 서클 버튼홀
3853(2)
프렌치 노트 318(2)
스레디드 러닝
318(2) / 3853(3)
러닝 3853(3)
프렌치 노트 3853(3)
롱앤숏
720(2) / 310(2)
스트레이트
3853(3)
아웃라인
720(2)
휘프트 러닝
318(2) / 3853(3)
피쉬본
blanc(2)
아웃라인 310(2)
새
몸통: 아웃라인 1345(2)
날개: 플라이 1345(2)
나무 밑둥
나무: 아웃라인 720(2)
나이테: 아웃라인 746(2)
버섯
모자: 새틴 817(2)
기둥: 새틴 746(2)
점: 프렌치노트 746(2)

#4

오즈의 마법사

빨간 루비 구두를 신은 도로시는 집으로 돌아가기 위해 마법사 오즈를 찾아 여행을 떠납니다.
도로시는 노란 벽돌길을 따라 걸으며 소중한 친구들을 만나고,
마침내 진정한 마법이 무엇인지 알게 되지요.
동화를 원작으로 한 영화에서는 Over the Rainbow라는 유명한 테마곡이 등장해서
지금까지 많은 사랑을 받고 있어요.

처음 도안을 스케치할 때는 우리 아이들을 생각하며 그림을 그렸는데,
수를 한 땀 한 땀 놓다보니 그동안 잊고 있었던 용기, 지혜, 따뜻한 심장,
그리고 집의 소중함에 대해 생각하게 되었지요.

역시 동화는 아이들뿐만 아니라 어른들에게도 꼭 필요한 말을 해주는 것 같아요.

용기가 필요한 겁쟁이 사자, 지혜로워지고 싶은 허수아비,
따뜻한 심장을 원하는 양철 나무꾼.

도로시의 소중한 친구들을 수놓고, 도로시의 루비구두와 노란 벽돌길,
서쪽마녀의 빗자루와 아름다운 무지개를 더해 봅니다.
각 캐릭터가 갖는 의미들을 도안 속에 살짝 숨겨놨으니 동화를 떠올리며 수놓아보세요.

여기서는 자주색 DMC 3888(1) 수실을 밑색으로 캐릭터들의 얼굴을 한 붓 그리기 하듯 먼저 수놓았어요.
그 다음 기본 스티치를 이용해 오밀조밀한 개성을 표현해보았습니다. 하나의 큰 작품으로 수놓아도 좋고,
각각의 주인공들을 테마로 깜찍하고 작은 소품을 만들어보는 것도 재미있겠죠?

The Wizard of
OZ

01

THE WIZARD OF OZ

오즈의 마법사

Size 150 X 155 mm **원단** 화이트 린넨

사용한 실 DMC 25번사 무지개: 817, 3853, 3855, 518, 209 사자: 3853, 4501, 3888, 746, 817 허수아비: 732, 422, 420, 3888, 3853, 3855, 518, 4501 캔맨: 518, 964, 817, 3888, 1344(A) 도로시의 구두: 3855, 816, 817, 1344(A), 209 마녀와 글씨: 310, 550, 746, 581, 433, 420, 422, 3888

사용한 스티치 아웃라인, 백, 플라이, 버튼홀, 프렌치노트, 스트레이트, 번들, 러닝, 새틴, 바스켓, 스파이더 웹 로즈, 휘프드 체인, 피쉬본, 아웃라인 필링, 더블 휘프드 체인, 카우칭

아웃라인
3853(3)
새틴
4501(3)
버튼홀
4501(3)
번들
817(2)
아웃라인
3888(1)
버튼홀
817(3) & 3853(3) &
3855(3) & 518(3)
아웃라인
209(3)
아웃라인 필링
746(3) & 816(3)
스파이더 웹 로즈
+ 프렌치노트
+ 스트레이트 310(3)
아웃라인
1344(1)
플라이
4501(2)
아웃라인
732(3)
바스켓
422(4)
스트레이트
420(2)
아웃라인
422(3)
아웃라인
3888(1)
새틴
3855(2)
플라이
3853(3)
새틴
518(2)
아웃라인 + 스트레이트
3855(2)
백
3888(3)
The Wizard of
OZ
휘프드 체인
550(3) + 581(4)
아웃라인 필링
310(3) & 746(3) & 581(3)
롱앤 숏
310(3)
카우칭 + 레이지 데이지
550(2)
아웃라인
422(2) + 420(2)
더블 휘프드 체인
433(4) / 420(4)
스트레이트
3855(2)
아웃라인
209(4)
플라이 + 프렌치노트
1344(2)
프렌치노트
3888(1)
레이지 데이지
+ 아웃라인
3888(1)
아웃라인
518(3)
하프백
3888(1)
백
964(3)
새틴
817(3)
번들
817(3)
피쉬본 1344((2)
+ 백 209(3)
+ 프렌치 노트 209(3)
아웃라인
817(3)
아웃라인
3855(3)

동물의 왕 사자. 사자는 늘 용감해야 할 것 같고, 당당해야 할 것 같고,
갈기를 휘날리며 으르렁하고 우렁차게 울부짖어야 할 것 같습니다.
하지만 사자의 마음 한 구석에도 두려움이 있을지 몰라요.
그런 사자에게 이렇게 말해주고 싶어요.

괜찮아, 용기를 내!

사자의 갈퀴는 다양한 패턴으로 표현해 보았어요.
각각의 패턴들은 한 가지, 또는 두 가지 스티치를 사용해서 재미를 더했습니다.
선만 그리는 게 허전하다면 이렇게 쉬운 스티치를 응용하여 재미있는 패턴을 표현해보세요.
프랑스 자수의 맛을 한층 더 즐길 수 있답니다.

Be brave!

BE BRAVE!

용기를 내!

Size 190(105) X 80 mm **원단** 내추럴 컬러 하프 린넨

사용한 실 DMC 25번사 3854, 746, 3853, 433, 3888, 351, 964, 221, 518, 473, 4000, 금사

사용한 스티치 아웃라인, 백, 체인, 버튼홀, 프렌치노트, 레이지 데이지, 더블 레이지 데이지, 러닝, 스트레이트, 디테치드 버튼홀

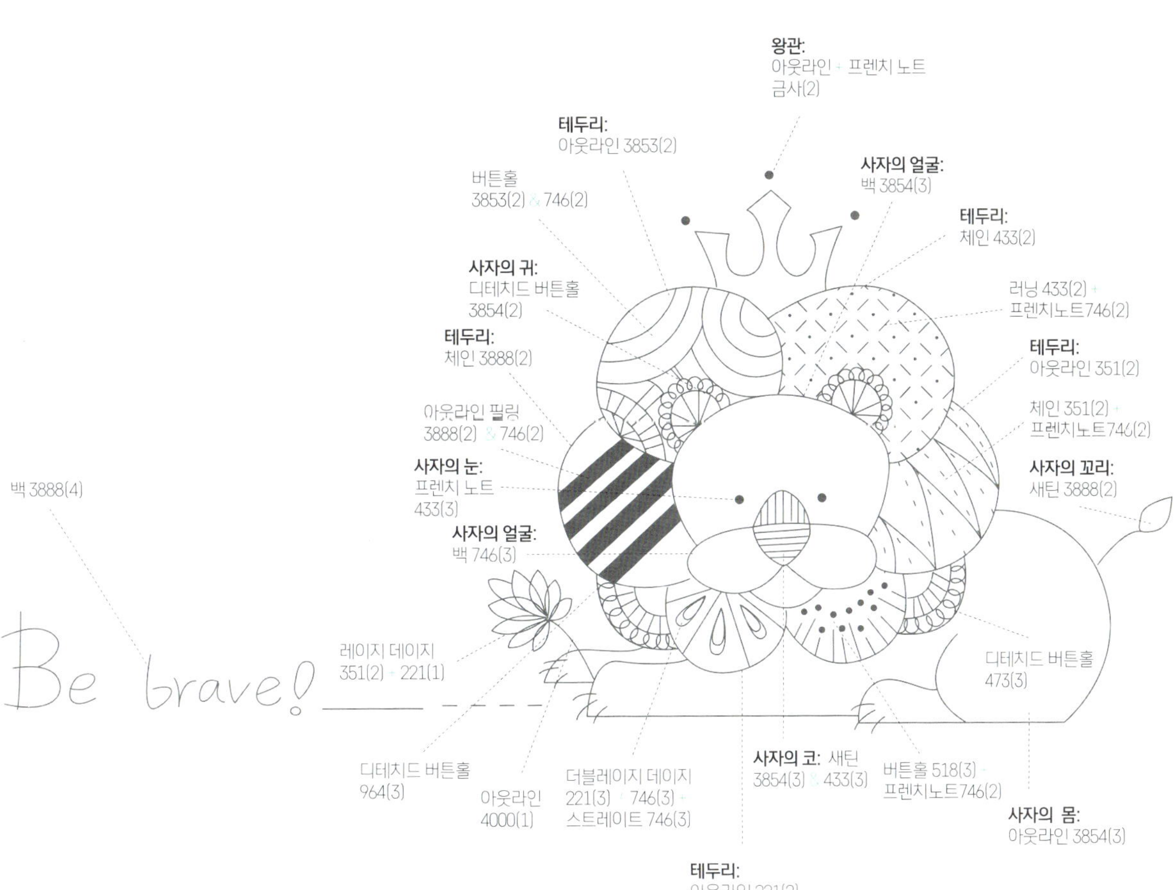
왕관:
아웃라인 + 프렌치 노트
금사(2)
테두리:
아웃라인 3853(2)
버튼홀
3853(2) & 746(2)
사자의 얼굴:
백 3854(3)
테두리:
체인 433(2)
사자의 귀:
디테치드 버튼홀
3854(2)
러닝 433(2) +
프렌치노트746(2)
테두리:
체인 3888(2)
테두리:
아웃라인 351(2)
아웃라인 필링
3888(2) & 746(2)
체인 351(2) +
프렌치노트746(2)
사자의 눈:
프렌치 노트
433(3)
사자의 꼬리:
새틴 3888(2)
백 3888(4)
사자의 얼굴:
백 746(3)
Be brave!
레이지 데이지
351(2) + 221(1)
디테치드 버튼홀
473(3)
디테치드 버튼홀
964(3)
아웃라인
4000(1)
더블레이지 데이지
221(3) + 746(3) +
스트레이트 746(3)
사자의 코: 새틴
3854(3) & 433(3)
버튼홀 518(3) +
프렌치노트746(2)
사자의 몸:
아웃라인 3854(3)
테두리:
아웃라인 221(2)

도로시는 드디어 열기구를 타고 집으로 돌아갑니다.
지금 도로시는 어떤 마음일까요?
도로시의 기분을 상상하며 꽃과 다양한 컬러를 이용해 열기구를 표현해 보세요.

여러분은 세 개의 열기구 중 어떤 열기구를 타고 싶으세요?

양면 접착 심지를 사용해 원단에 색깔이 있는 다른 원단을 접착하고, 그 위에 수를 놓았어요.
알록달록 예쁜 프린트가 있는 조각 원단을 가지고 있다면
얼마든지 응용할 수 있으니 다양한 원단을 가지고 만들어보세요.

RETURN HOME

집으로 돌아가는 길

Size 145 X 215 mm(열기구 한 개 65 X 90 mm)

원단 바탕: 화이트 린넨 열기구(각70 X 70 mm): Rose garden, 하프린넨-사파이어 민트, 라이트 퍼플

사용한 실 DMC 25번사 840, 841, 839, 761, 746, 352, 353, 761, 818, 3348, 598, 211, 819, 3823, 964, 819, 747

사용한 스티치 버튼홀, 아웃라인, 프렌치노트, 스파이더 웹 로즈, 레이지 데이지, 스트레이트, 리프, 바스켓

기타 재료 및 도구 양면 접착 심지, 다리미

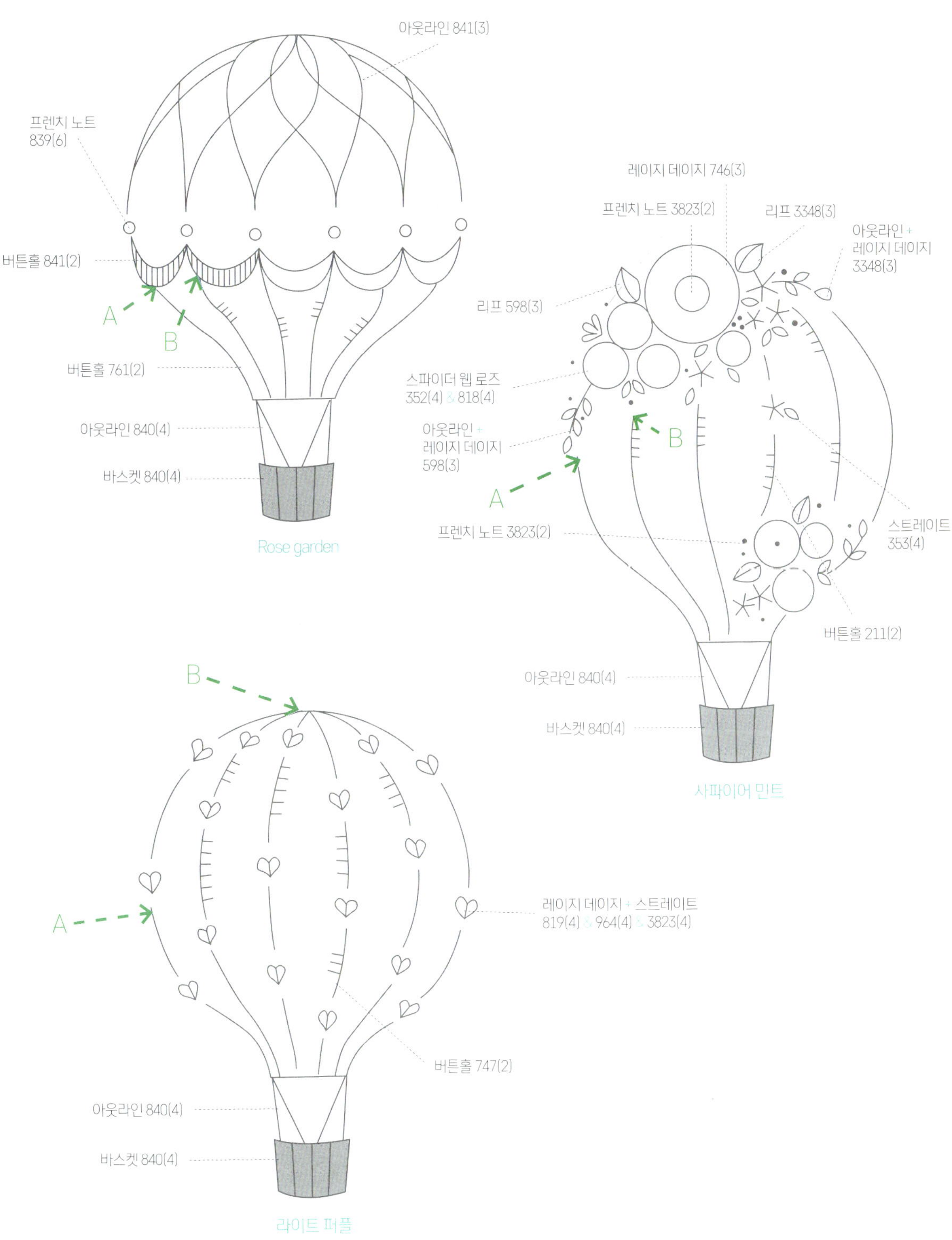

아웃라인 841(3)
프렌치 노트
839(6)
버튼홀 841(2)
A
B
버튼홀 761(2)
아웃라인 840(4)
바스켓 840(4)
Rose garden
레이지 데이지 746(3)
프렌치 노트 3823(2)
리프 3348(3)
아웃라인 +
레이지 데이지
3348(3)
리프 598(3)
스파이더 웹 로즈
352(4) & 818(4)
아웃라인 +
레이지 데이지
598(3)
B
A
프렌치 노트 3823(2)
스트레이트
353(4)
버튼홀 211(2)
아웃라인 840(4)
바스켓 840(4)
사파이어 민트
B
A
레이지 데이지 + 스트레이트
819(4) & 964(4) & 3823(4)
버튼홀 747(2)
아웃라인 840(4)
바스켓 840(4)
라이트 퍼플

조각 원단을 사용해 알록달록 열기구 만들기

01

조각 천에 도안을 따라 열기구 모양을 그립니다

02

바탕천에는 테두리만 옮겨 위치를 잡습니다.

03

조각 천에 그려진 열기구의 모양을 따라 천을 자릅니다.

04

양면접착심지를 열기구와 비슷한 크기로 자릅니다. 양면접착심지는 거미줄처럼 얇기 때문에 찢어지기 쉬우니 조심해서 다뤄주세요.

05

시침핀을 이용해 조각천의 뒷면에 접착심지를 고정한 후, 조각천의 모양대로 심지를 자릅니다.

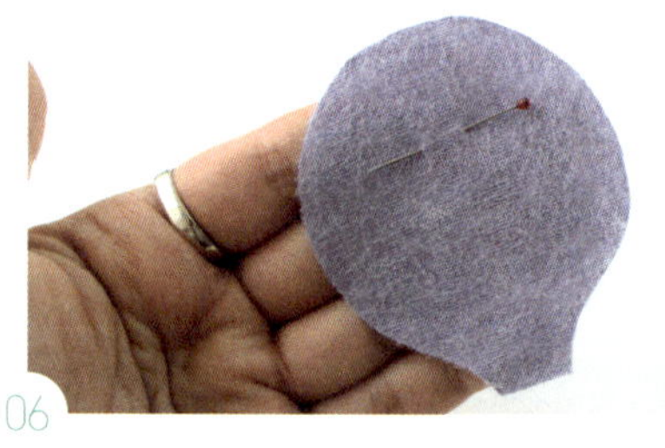

06

빠져나온 부분 없이 모양을 따라 잘 잘렸나요?

07

고정한 시침핀을 빼고, 미리 그려둔 바탕천에 위치를 맞춰 올려줍니다. 바탕천 ···› 양면접착심지 ···› 조각 천 순서로 올려주세요.

08

얇은 천이나 티슈를 덮고 다리미 온도를 면으로 조정한 후 가볍게 눌러줍니다.

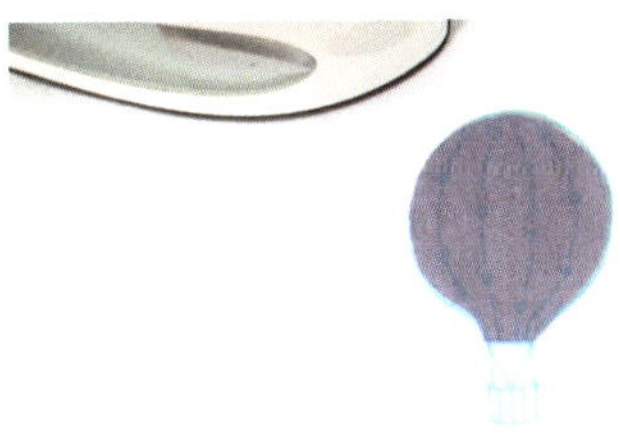

09

원단에 조각천이 붙은 모습입니다. 이제 도안을 따라 예쁘게 수놓아주세요.

TIP

양면 접착 심지란 다림질로 열을 가해 두 개의 원단을 붙이는 재료입니다. 얇아서 찢어지기 쉽고 물이 닿으면 녹으니 조심해서 사용하세요.

열기구 외곽선을 버튼홀 스티치로 다듬기

01

도안의 Ⓐ지점에서 바늘을 빼서 테두리를 따라 버튼홀 스티치를 합니다. 하트 모양 스티치가 들어가야 하는 부분은 피해서 버튼홀 스티치를 놓아주세요.

02

모서리 부분은 세 땀을 같은 곳에 찔러 버튼홀 스티치로 놓으면 더 예쁘게 됩니다.

03

테두리 버튼홀 스티치가 완성되었습니다.

04

도안에 따라 수를 놓습니다. 하트 무늬는 다음으로 이어지는 <열기구 위의 작은 하트 수놓기>를 참조하세요!

05

도안의 Ⓑ지점부터 시작해 나머지 부분을 버튼홀 스티치로 채워줍니다.

06

열기구 풍선 부분이 완성되었어요!

열기구 위의 작은 하트 수놓기

01

작고 예쁜 하트를 그려주세요.

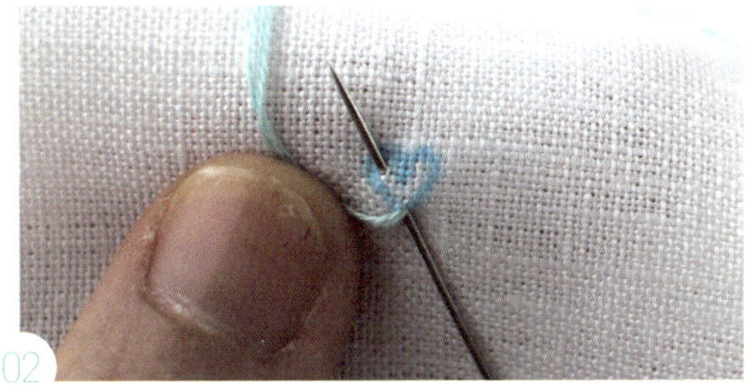

02

아래쪽의 뾰족한 지점보다 한 올 위쪽에서 바늘을 빼 레이지 데이지 스티치를 수놓습니다. 실이 굵으니 뜨는 땀을 선 안쪽으로 하셔야 도안과 같은 크기의 예쁜 하트를 만들 수 있어요.

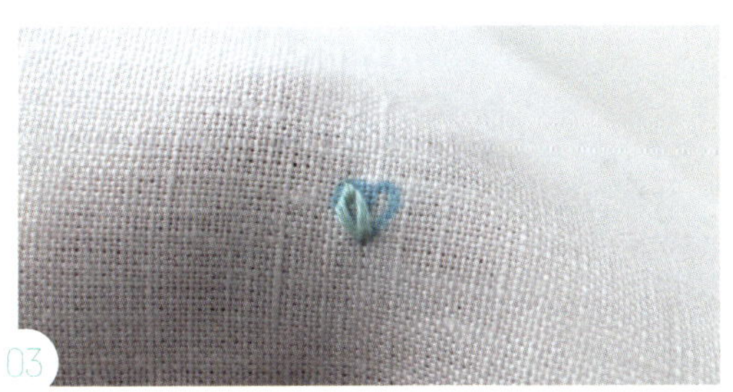

03

이때 고리는 최대한 가늘게, 고정땀은 최대한 짧게 해서 하트의 윗부분이 둥글게 수놓이도록 합니다.

04

레이지 데이지 스티치의 시작점으로 다시 실을 빼고 고정땀 구멍으로 스트레이트 스티치를 덮어줍니다.

05

레이지 데이지와 스트레이트 스티치 한 개를 함께 놓으면 반쪽 하트가 됩니다.

06

하트의 뾰족한 부분으로 바늘을 빼서 2~4번 과정을 반복하여 반대쪽 부분도 수놓아주세요. 왼쪽과 오른쪽의 크기를 다양하게 조정해서 개성 있는 하트를 수놓아보세요.

무지개에는 색의 경계면이 없다는 거 알고 계시죠?
그런데 굳이 일곱 가지 색깔로 무지개에 이름을 붙인 건 인간의 한계 때문 아닐까요.
그래서 무지개는 닿을 수 없는 무언가. 그럼에도 불구하고 닿고 싶은 무언가를 의미하는 것 같아요.

여기에서는 기둥을 세우고 실을 엮어 가는 바스켓 스티치로 무지개를 띄워 봅니다.
열 두 가닥의 실이 엮여 구름 같은 무지개가 되었네요.
구름은 비로 내려 하늘에 흩어졌다가 온 몸에 햇볕을 꿰어 무지개를 수놓습니다.

그러니 무지개는 구름의 다른 모습이 아닐까요?

Somewhere
over the Rainbow

OVER THE RAINBOW

무지개를 넘어서

Size 지름 150mm

원단 내추럴 컬러 하프 린넨

사용한 실 DMC 25번사 209, 518, 598, 472, 744, 3854, 350, 746, 550, 761, 931, 3041

사용한 스티치 스트레이트, 바스켓, 백, 아웃라인, 레이지 데이지, 프렌치노트, 리브드 스파이더 웹

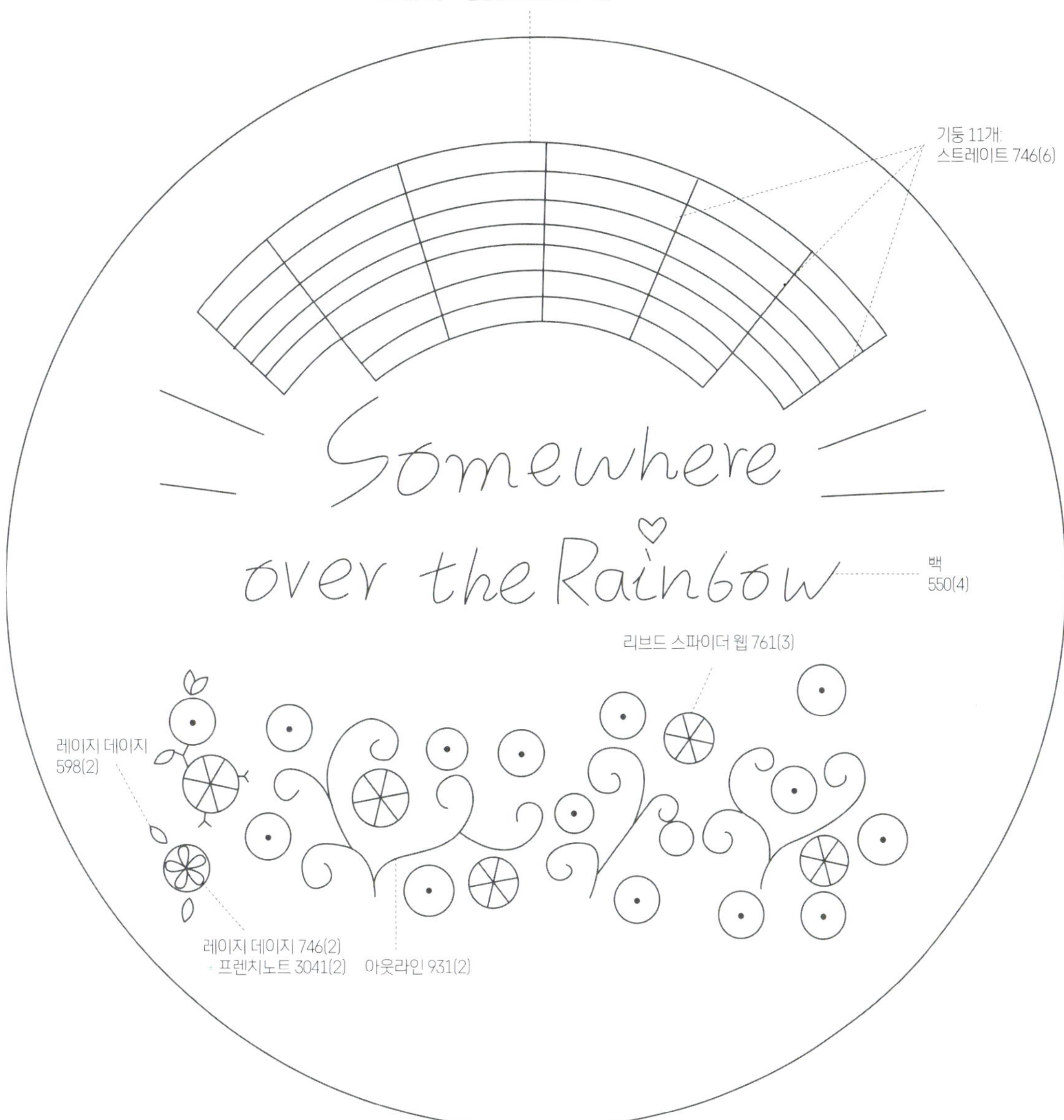
무지개:
바스켓 209 (12) & 518 (12) & 598 (12) &
472 (12) & 744 (12) & 3854 (12) & 350 (12)
보라(209) ···› 빨강(350) 순으로 작업
기둥 11개:
스트레이트 746(6)
Somewhere
over the Rainbow
백
550(4)
리브드 스파이더 웹 761(3)
레이지 데이지
598(2)
레이지 데이지 746(2)
+ 프렌치노트 3041(2)
아웃라인 931(2)

04

바스켓 스티치로 무지개 수놓기 바스켓 스티치는 직선으로 수가 놓이기 때문에 곡선을 표현할 때는 볼록한 부분은 기둥수를 줄여가며 스티치 해 주어야 합니다.

01

원단에 도안을 옮겨 그리세요.

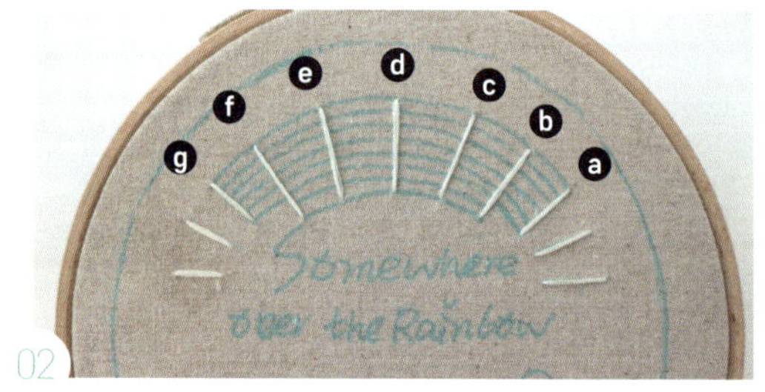

02

스트레이트 스티치로 11개의 기둥을 세웁니다. DMC 746(6) 좌우 두 개씩을 제외한 아홉 개의 기둥을 각각 ⓐ ~ ⓖ로 부르겠습니다.

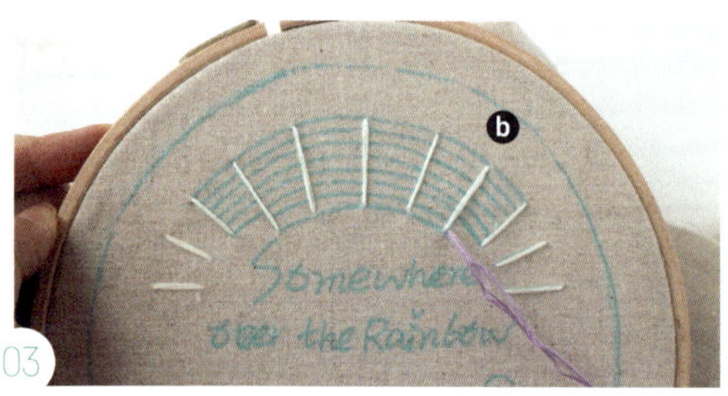

03

보라색 DMC 209(12)실을 ⓑ기둥의 제일 아래쪽에서 뺍니다.

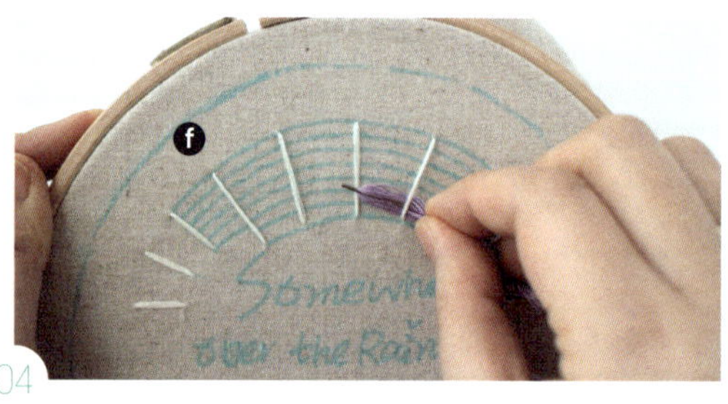

04

바스켓 스티치로 기둥의 위쪽부터 시작해 위아래를 반복하며 ⓕ까지 실을 엮어줍니다.

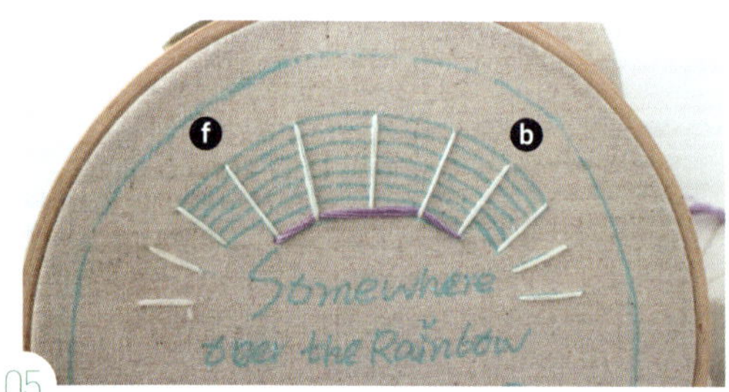

05

ⓕ에서 바늘을 꽂아 마무리 합니다.

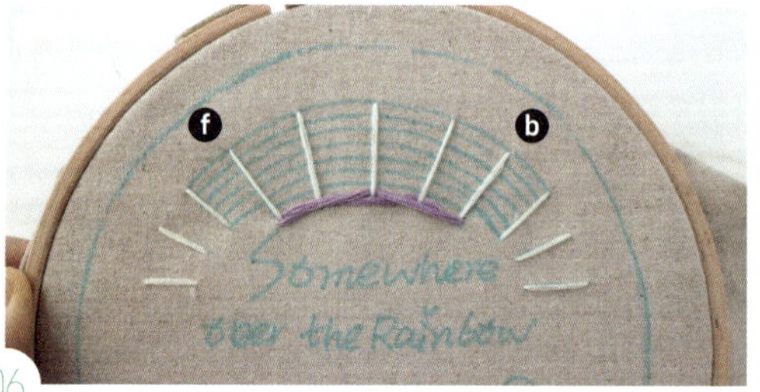

06

기둥을 따라 다시 실을 빼 ⓕ에서 ⓑ로 되돌아옵니다. 이 과정을 두 번 왕복해주세요.

07

실을 ⓒ에서 뺍니다.

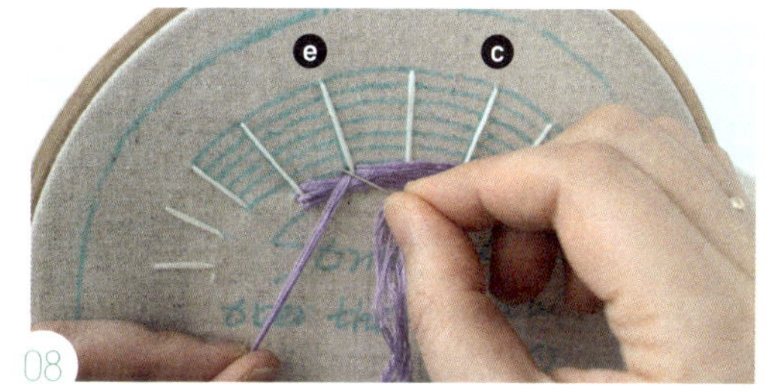

08

ⓒ에서 ⓔ까지 바스켓 스티치 해주세요.

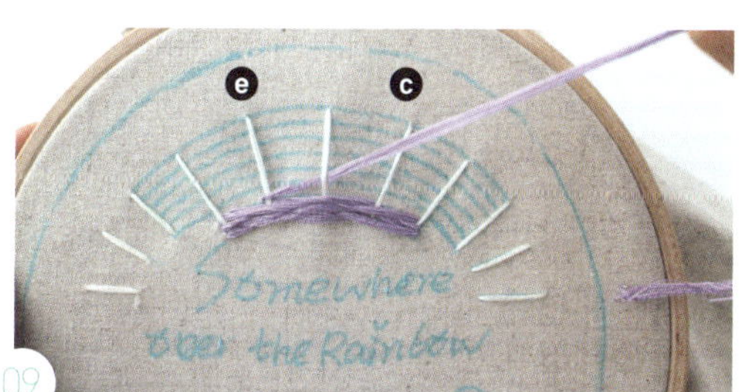

09

다시 ⓔ에서 ⓒ로 되돌아옵니다.

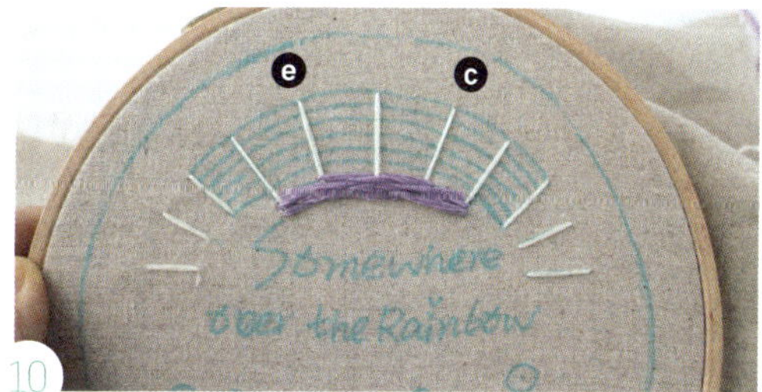

10

보라색 부분이 완성 되었죠?

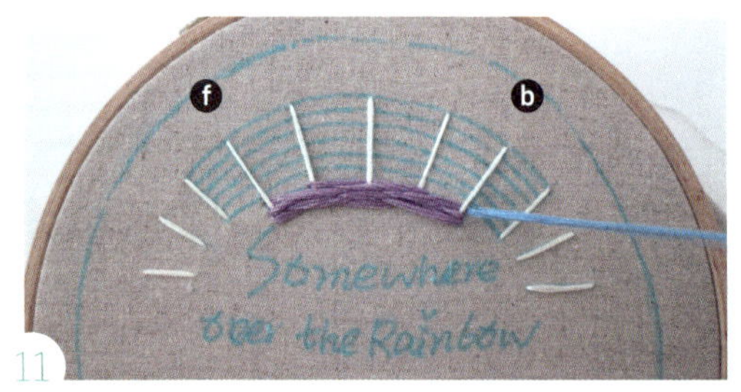

11

실을 바꿔 DMC 518(12) 3~10번 과정을 반복합니다.

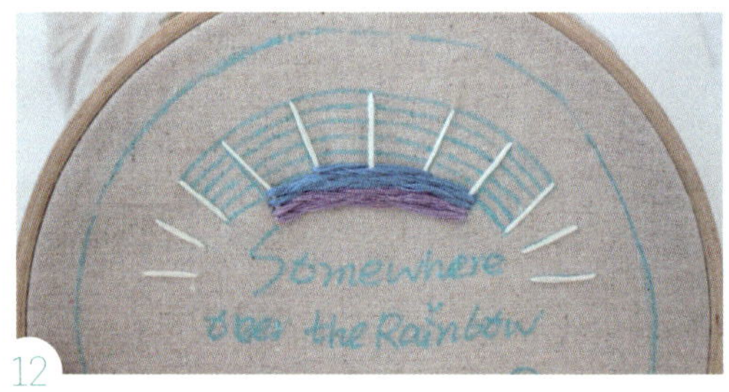

12

파란색 부분도 완성 되었어요.

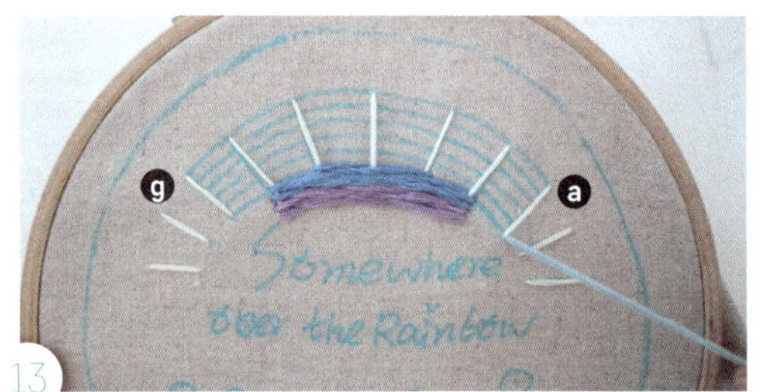

13

다시 실을 바꿔 DMC 598(12) ⓐ에서 실을 뺍니다.

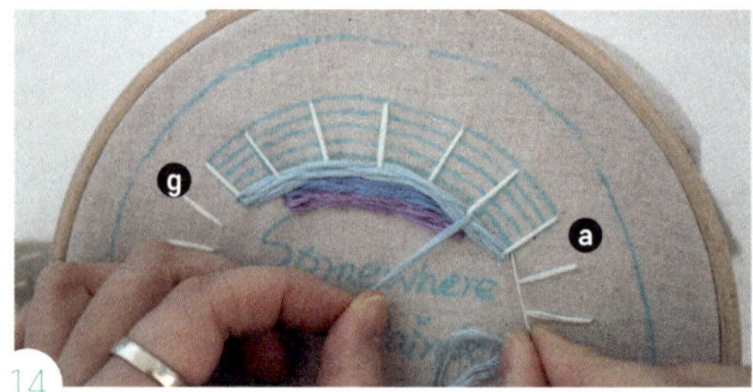

14

ⓐ에서 ⓖ까지 두 번 왕복하여 바스켓 스티치를 합니다.

b에서 실을 빼서,

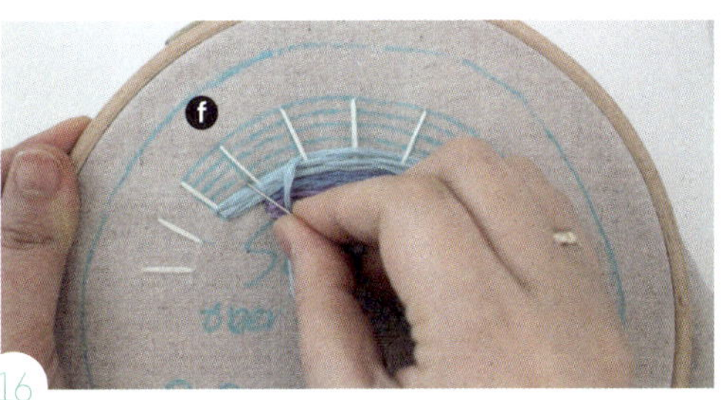

f까지 왕복합니다.

청록색이 완성 되었어요.

다른 색들도 실을 바꿔가며 13~17번 과정을 반복해 주면, 무지개 완성!

알록달록 무지개 마카롱

앞에서 배운 도안을 응용하여, 예쁜 자수 소품을 만들어볼까요?

Size 지름 각 50mm **원단 및 재료** 컬러 하프 린넨, 15cm 지퍼

사용한 실 DMC 25번사, 사자: 3853, 4501, 3888 허수아비: 732, 422, 420, 3888, 3853, 4501
캔맨: 518, 964, 817, 3888, 1344(A) 도로시의 구두: 3855, 817 마녀의 모자: 310, 550, 746, 581

사용한 스티치 아웃라인, 백, 플라이, 버튼홀, 프렌치 노트, 스트레이트, 번들, 새틴, 바스켓, 아웃라인 필링, 롱앤숏, 스트레이트

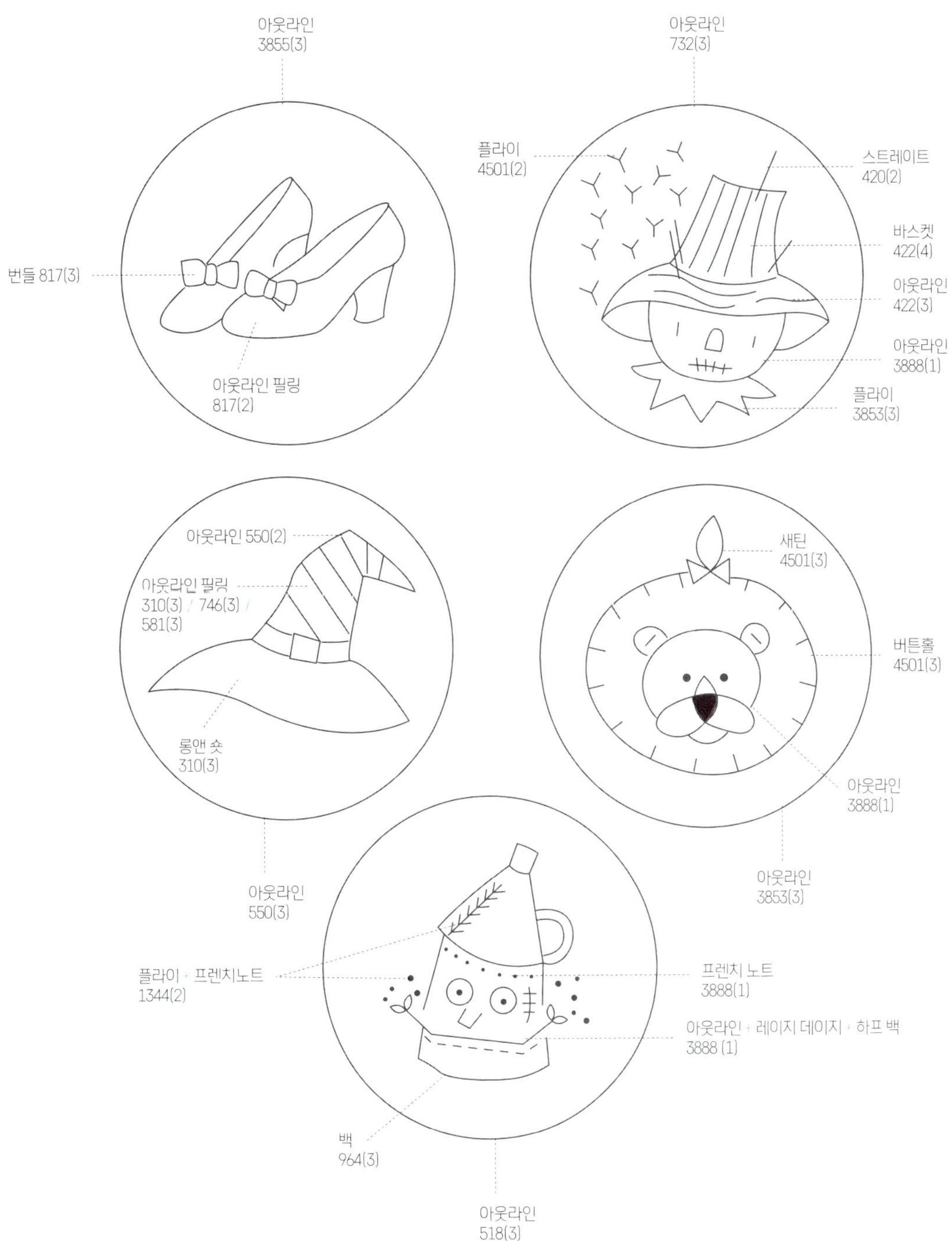
아웃라인
3855(3)
번들 817(3)
아웃라인 필링
817(2)
아웃라인
732(3)
플라이
4501(2)
스트레이트
420(2)
바스켓
422(4)
아웃라인
422(3)
아웃라인
3888(1)
플라이
3853(3)
아웃라인 550(2)
아웃라인 필링
310(3) / 746(3) /
581(3)
롱앤 숏
310(3)
아웃라인
550(3)
새틴
4501(3)
버튼홀
4501(3)
아웃라인
3888(1)
아웃라인
3853(3)
플라이 + 프렌치노트
1344(2)
프렌치 노트
3888(1)
아웃라인 + 레이지 데이지 + 하프 백
3888 (1)
백
964(3)
아웃라인
518(3)

귀여운 반달 파우치

앞에서 배운 도안을 응용하여, 예쁜 자수 소품을 만들어볼까요?

소품 Size 180 X 110 X 50 mm(소품 사이즈) **원단 및 재료** 내추럴 하프 린넨, 20 cm 지퍼

사용한 실 DMC 25번사, 무지개: 817, 3853, 3855, 518, 209 훈장: 746, 817, 3888

전구: 3855, 518 하트: 817 마술봉: 1344(A), 209 마녀모자와 글씨: 310, 550, 746, 581, 433, 420, 422, 3888

사용한 스티치 아웃라인, 버튼홀, 프렌치 노트, 스트레이트, 러닝, 새틴, 스트레이트스파이더웹로즈, 휘프드체인, 더블휘프드 체인, 카우칭, 피쉬본, 아웃라인필링, 리브드 스파이더 웹

모자 테두리

아웃라인 550(2)

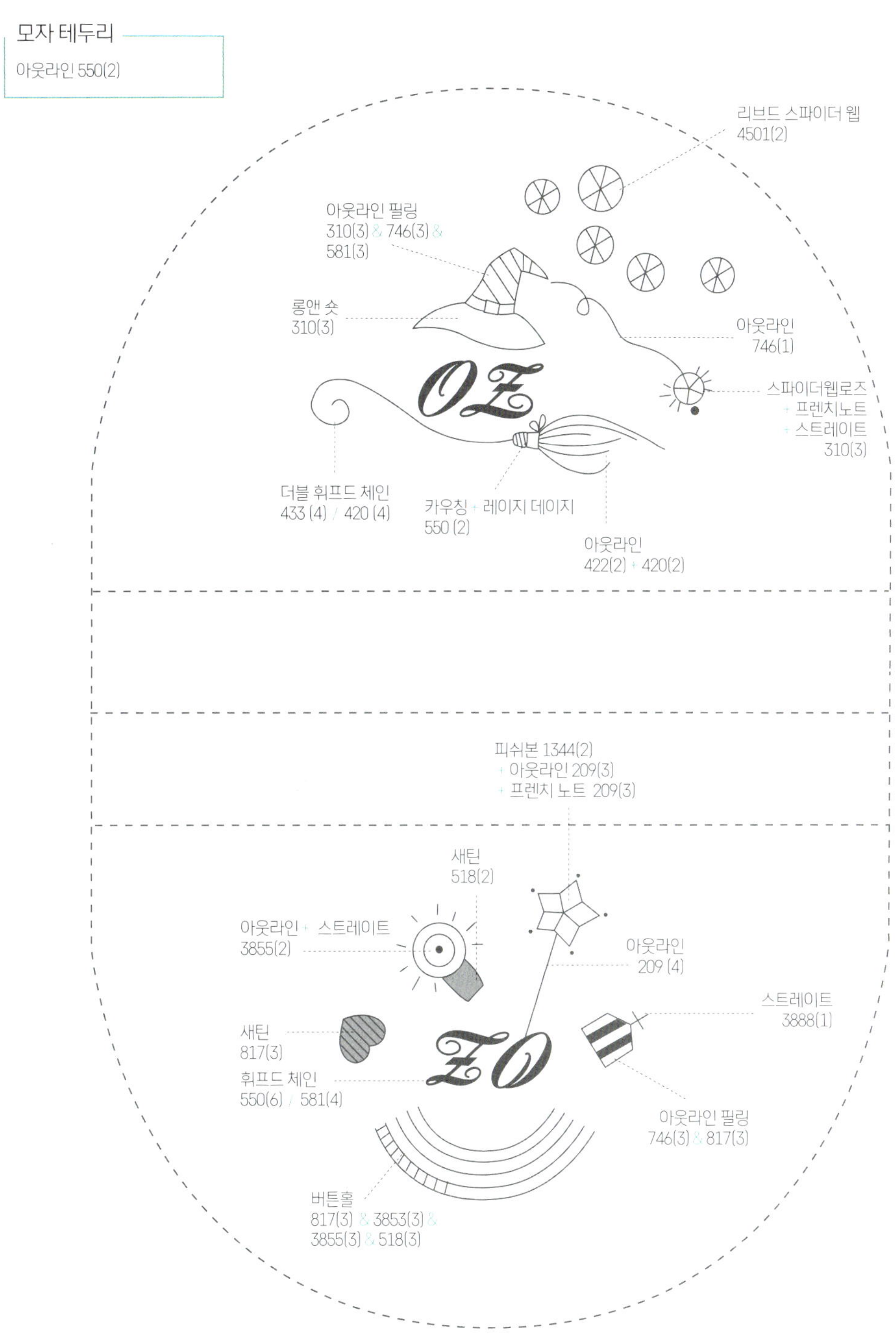

* 도안을 150% 확대 복사하여 사용하세요.

#5

인어공주

동화의 아버지 안데르센이 가장 사랑했던 동화 <인어공주>

금지된 것은 언제나 우리에게 동경과 호기심의 대상이지요.
인어공주는 바다 밖의 세상을 동경해 인간이 되었다가 결국은 물거품이 되고 말아요.

아름답고 슬픈 인어공주의 이야기는 후세의 예술가들에게 깊은 영감을 주었고
오늘 날까지 아름다운 작품으로 표현되고 있답니다.

인어공주는 늘 물 밖의 세상이 궁금합니다.

그래서 인어공주는 어두운 밤, 달빛의 안내를 받으며 세상을 엿봅니다.

이야기의 시작과 끝의 배경인 달빛 바다, 사랑이 시작된 왕자님의 함선과 파도, 목소리와 맞바꾼 마법의 약,
그리고 차마 왕자를 찌를 수 없어 공주와 함께 물거품이 되어버린 칼. 한편의 이야기를 읽어가듯이 수를 놓았습니다.

모티브 하나하나를 완성해가는 즐거움을 느껴보세요.

인어공주

Size 190 X 210 mm **원단** 사파이어민트 하프 린넨

사용한 실 인어공주: 350, 353, 1345(A), 1344(A), 4030, 208, 744 함선: 4000, 746, 817, 841, 743, 519, 964, 211 달님: 743, 745, 747, 3078, 211, 772, 3854 고래: 550, 3823, 4030, Blanc 물고기: 4501, 금사, 4000 해파리: 1344(A), 1318(A), 964 조가비: 760, 353 불가사리들: 550, 1345(A), 3854, 350 단도와 독약: 208, 550, 은사, 964, 746 그 외: 3846, 772, 4215, 817

사용한 스티치 체인, 백, 버튼홀, 새틴, 서클 버튼홀, 프렌치 노트, 헤링본, 플라이, 아웃라인, 레이지 데이지, 리브드 스파이더 웹, 더블 레이지 데이지, 하프 백, 스트레이트, 리프, 페더, 아웃라인 필링

＊ 도안을 130% 확대 복사하여 사용하세요.

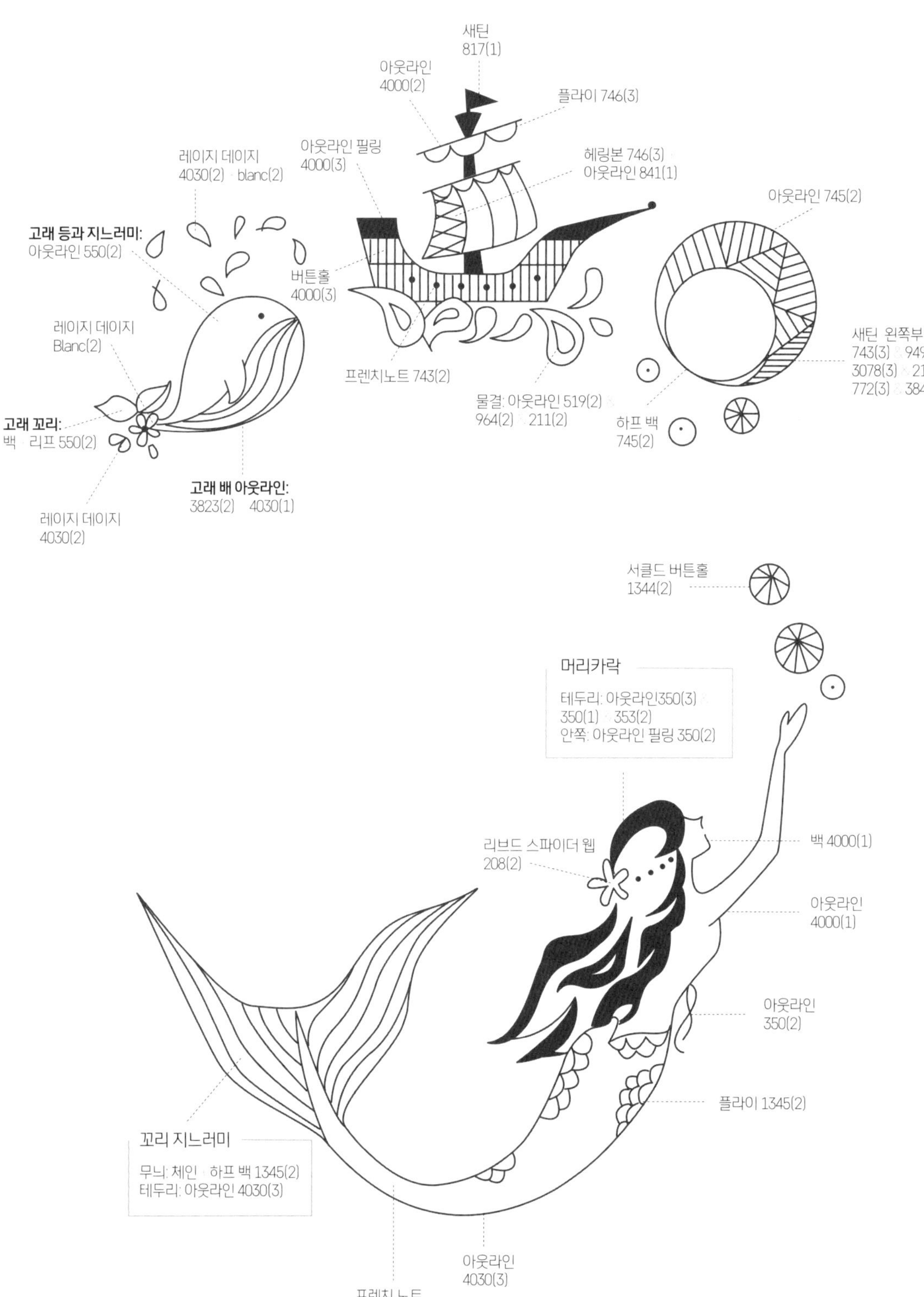

새틴
817(1)
아웃라인
4000(2)
플라이 746(3)
레이지 데이지
4030(2) · blanc(2)
아웃라인 필링
4000(3)
헤링본 746(3)
아웃라인 841(1)
아웃라인 745(2)
고래 등과 지느러미:
아웃라인 550(2)
버튼홀
4000(3)
레이지 데이지
Blanc(2)
새틴 왼쪽부터
743(3) & 949(3) &
3078(3) & 211(3) &
772(3) & 3845(3)
프렌치노트 743(2)
물결: 아웃라인 519(2) &
964(2) & 211(2)
하프 백
745(2)
고래 꼬리:
백 · 리프 550(2)
고래 배 아웃라인:
3823(2) · 4030(1)
레이지 데이지
4030(2)
서큘드 버튼홀
1344(2)
머리카락
테두리: 아웃라인350(3) &
350(1) & 353(2)
안쪽: 아웃라인 필링 350(2)
리브드 스파이더 웹
208(2)
백 4000(1)
아웃라인
4000(1)
아웃라인
350(2)
플라이 1345(2)
꼬리 지느러미
무늬: 체인 · 하프 백 1345(2)
테두리: 아웃라인 4030(3)
아웃라인
4030(3)
프렌치 노트
4030(2) & 1345(2) & 1344(2)

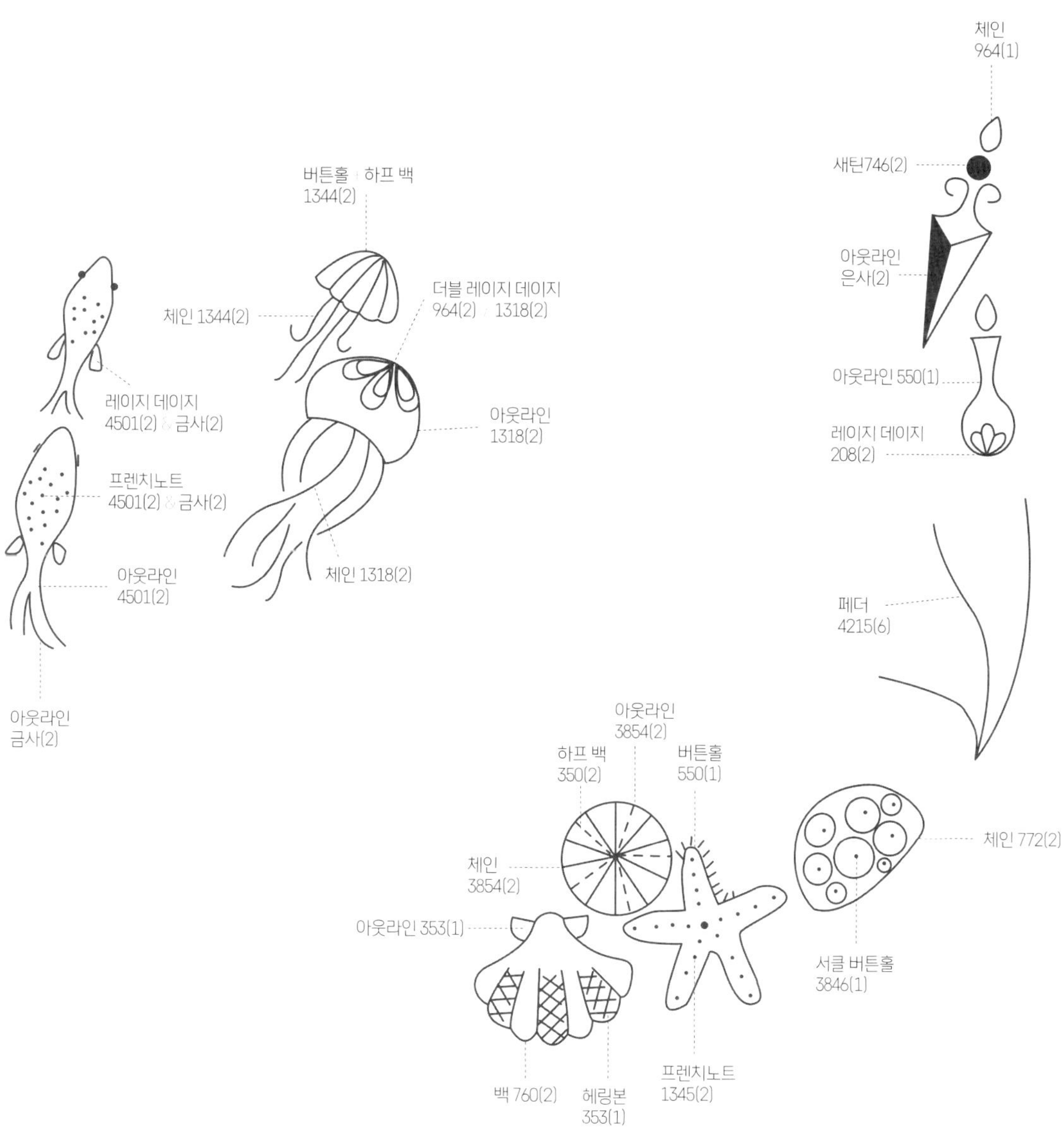

체인
964(1)
새틴746(2)
아웃라인
은사(2)
아웃라인 550(1)
레이지 데이지
208(2)
페더
4215(6)
버튼홀 | 하프 백
1344(2)
체인 1344(2)
더블 레이지 데이지
964(2) / 1318(2)
아웃라인
1318(2)
체인 1318(2)
레이지 데이지
4501(2) & 금사(2)
프렌치노트
4501(2) & 금사(2)
아웃라인
4501(2)
아웃라인
금사(2)
아웃라인
3854(2)
하프 백
350(2)
버튼홀
550(1)
체인
3854(2)
아웃라인 353(1)
체인 772(2)
서클 버튼홀
3846(1)
백 760(2)
헤링본
353(1)
프렌치노트
1345(2)

차근차근 함선 수놓기

함선은 배 몸통 부분, 돛 부분, 파도와 나머지 부분으로 나뉩니다.

01 원단에 도안을 옮겨 그려주세요.

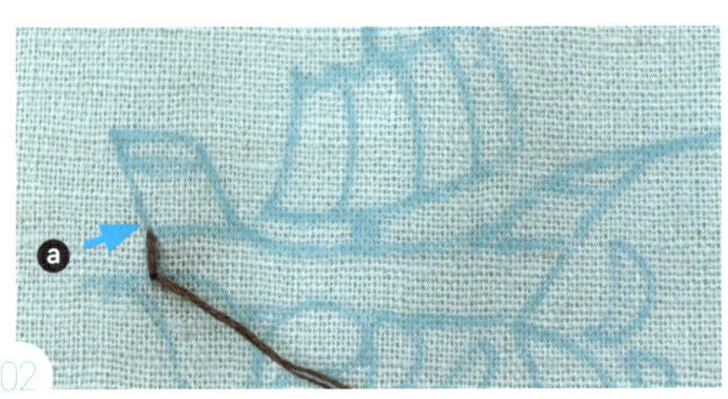

02 ⓐ지점에서 실DMC 4000(2)을 빼고 스트레이트 스티치를 한 후 다시 ⓐ지점으로 되돌아나옵니다.

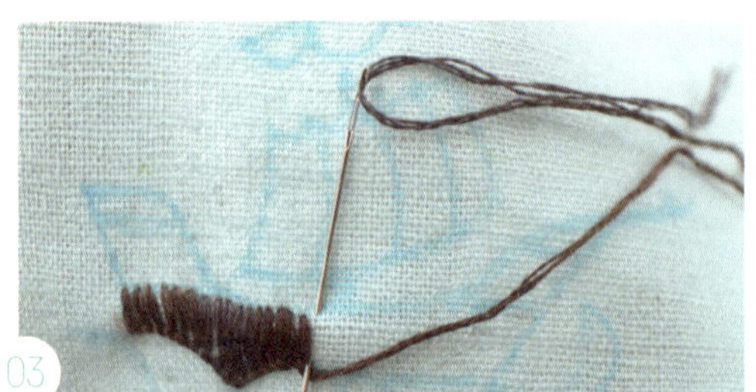

03 도안을 따라 버튼홀 스티치 합니다.

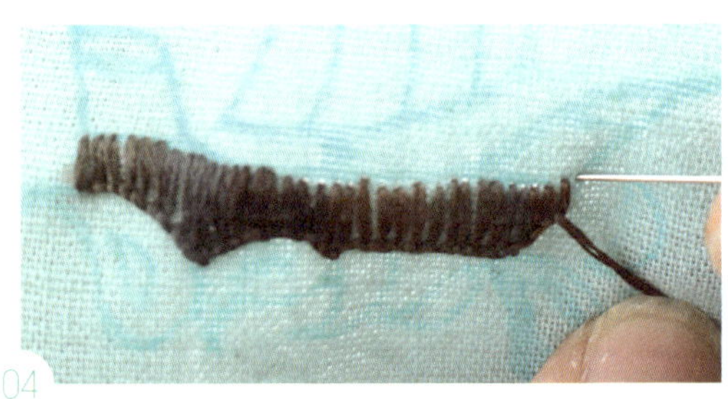

04 사선부분의 끝에서 마무리 합니다.

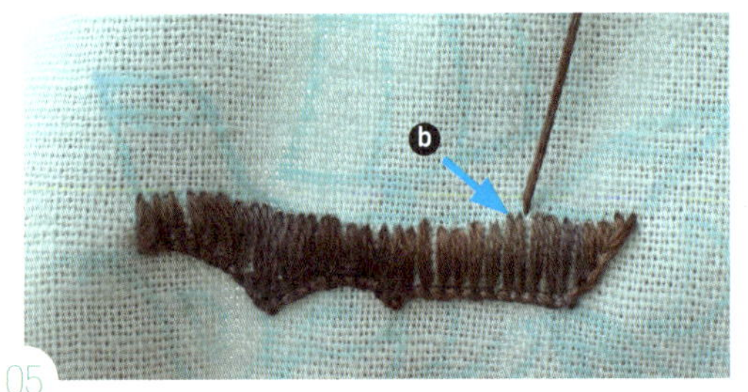

05 위칸 왼쪽 시작점 ⓑ로 실을 뺍니다. DMC 4000(2)계속

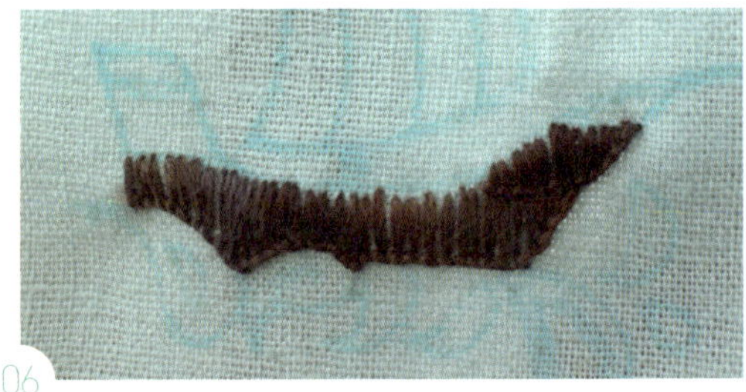

06 도안 선을 따라 끝까지 버튼홀 스티치 합니다.

TIP

버튼홀 스티치를 할 때 원단을 사선으로 떠야 세로선이 똑바로 스티치 됩니다.

07 다시 위칸 C 지점으로 실을 뺍니다.

08 아웃라인 스티치를 이용해 칸을 채웁니다. DMC 4000(2)계속

09 마지막 아웃라인 스티치에 연장하여 직선구간 끝까지 스티치 합니다.

10 원단을 돌려 직선구간 중간에서 부터 다시 아웃라인으로

11 배의 뒷부분까지 되돌아옵니다.

12 아웃라인 스티치를 한 모습.

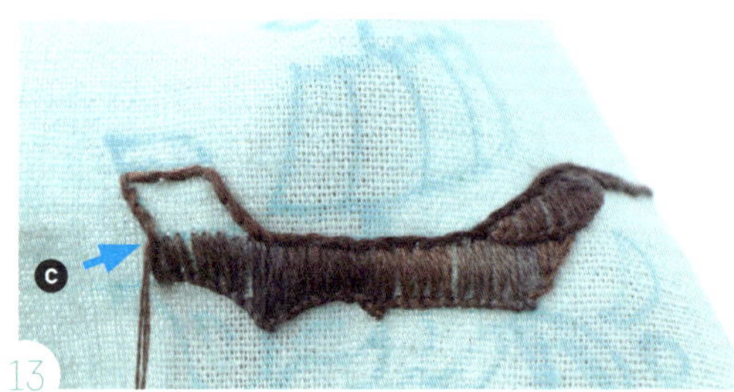

13

ⓒ지점으로 바늘을 뺍니다. DMC 4000(2) 계속

14

같은 방법으로 버튼홀 스티치로 채웁니다.

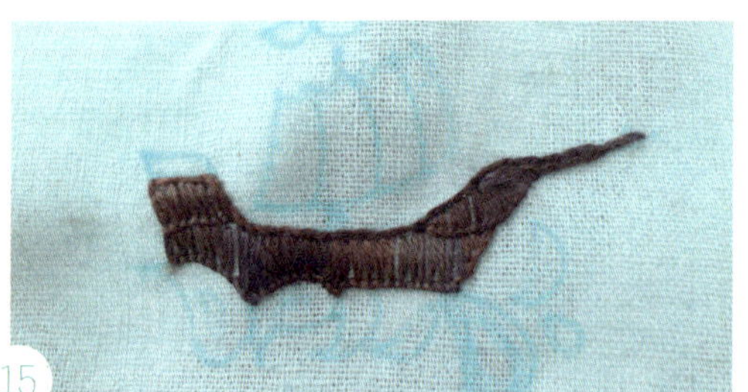
15

채운 모습

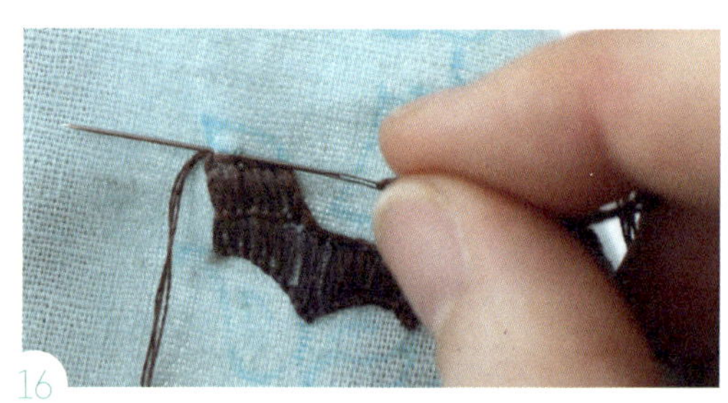
16

위칸으로 올라가 아웃라인 스티치로 채워줍니다. DMC 4000(2) 계속

17

남은 실로 배와 파도 사이의 빈 구간을 스트레이트 스티치로 채웁니다. 배의 몸통 부분 완성 DMC 4000(2) 계속

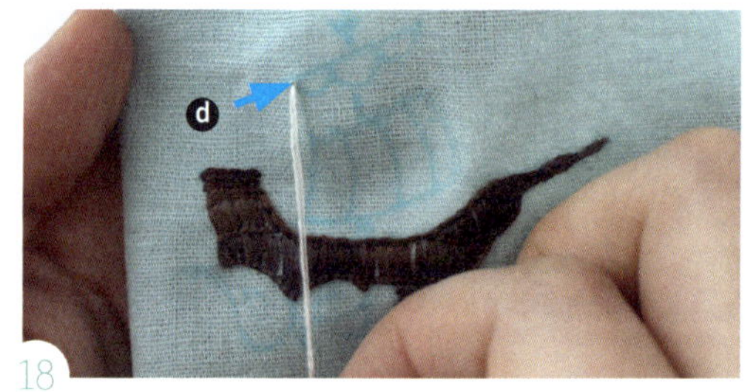

18

실을 바꿔 DMC 746(2) ⓓ에서 실을 뺍니다.

TIP

17번까지 진행하다가 실이 모자를 경우에는 25번까지 진행한 후 다시 돌아와 수를 놓으셔도 됩니다.

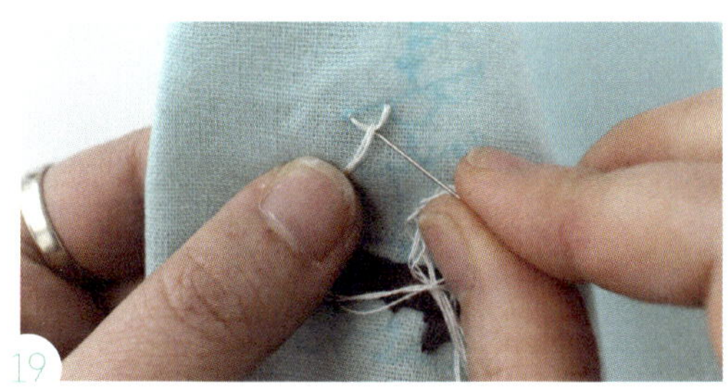
19
다리가 짧은 플라이 스티치로 말려있는 돛을 표현합니다.

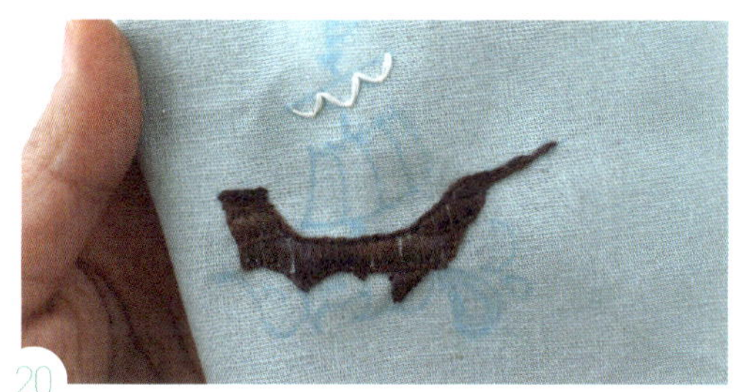
20
오른쪽으로 세 개 진행 한 모습이에요.

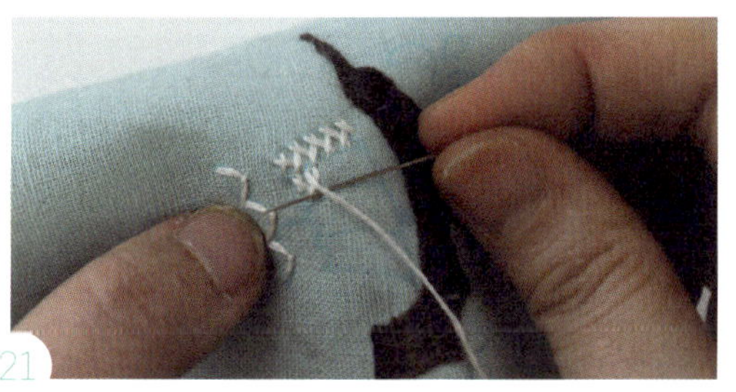
21
원단을 돌려 펼친 돛의 오른쪽 부분부터 헤링본 스티치를 합니다. DMC 746(2) 계속

22
네 칸을 채운 후 실을 바꿔 DMC 841(1) 아웃라인으로 테두리를 스티치 합니다.

23
테두리가 완성 되었어요.

24
돛대 부분 위에서부터 내려오며 아웃라인 스티치를 합니다. DMC 4000(2)

25

DMC 4000(2) 스트레이트 스티치로 놓아주세요.

26

컬러를 바꿔가며 파도를 아웃라인 스티치합니다. DMC 519(2), 964(2), 211(2)

27

깃발을 DMC 817(2) 새틴 스티치로, 불빛은 DMC 743(2) 프렌치노트를 수놓습니다. 함선이 완성 됐습니다!

아름다운 인어공주 수놓기 인어공주의 머리칼은 원을 그리듯 빙글빙글 돌며 아웃라인 스티치로 면을 메워줍니다. 가까운 곳으로 옮겨가며 하면 매듭도 줄이고 쉽게 면을 채울 수 있습니다. 인어공주의 꼬리와 비늘은 그러데이션사를 이용해 물에 반짝이는 모습을 표현했습니다. 여러 가지 컬러가 섞여 반복되는 베리에이션사 세 가지를 섞어서 표현해 보세요.

01 원단에 도안을 옮겨 그리세요.

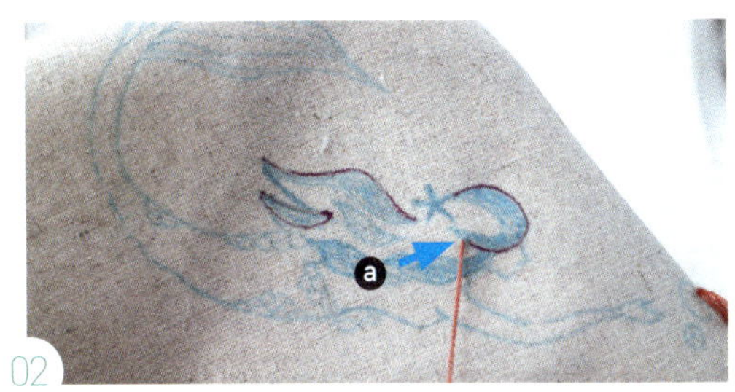

02 머리카락 부분에서 보라색으로 표시된 부분부터 수놓아 볼까요? ⓐ지점에서 시작합니다. DMC350(3)

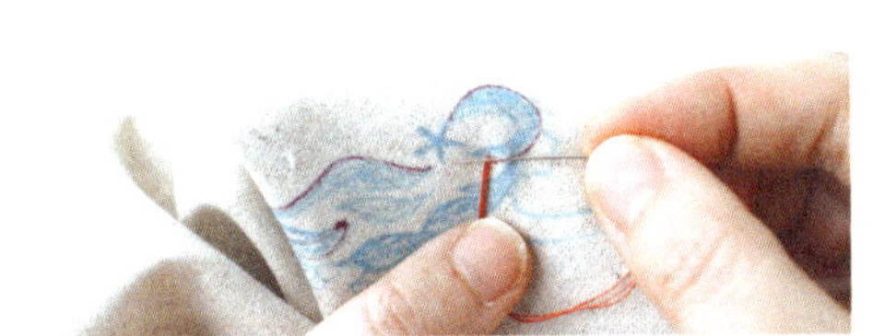

03 도안을 따라 아웃라인 스티치를 합니다.

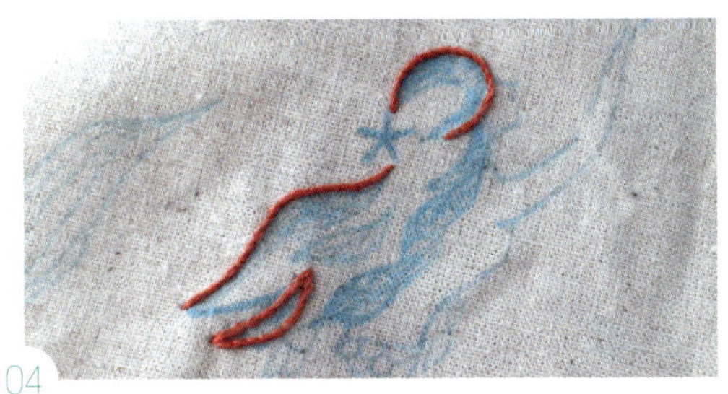

04 위쪽 테두리에 아웃라인 스티치를 수놓은 모습

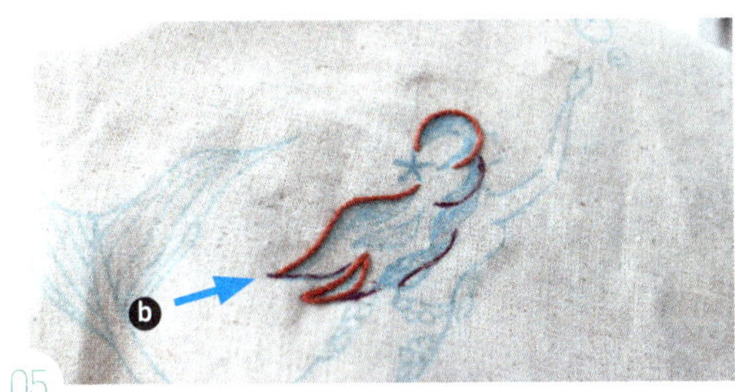

05 이번에는 아래쪽 테두리를 보라색으로 표시했습니다. ⓑ에서 시작하여 아웃라인 스티치를 놓아주세요. DMC350(1) + 353(2)

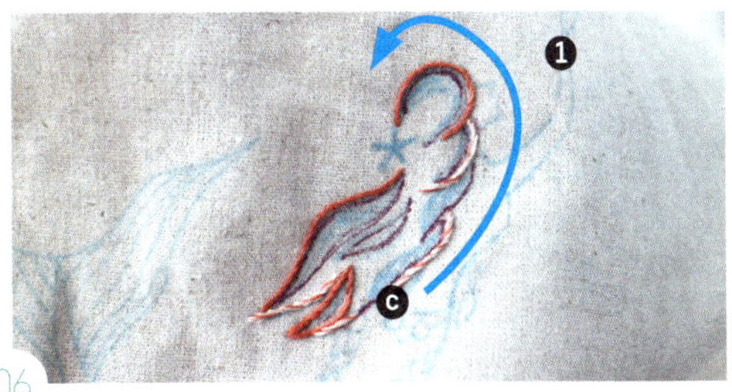

06 테두리를 완성하고나면 안쪽을 채워줍니다. 보라색 표시를 한 ⓒ부분부터 ❶번 화살표 방향으로 아웃라인 스티치를 해주세요.DMC350(2)

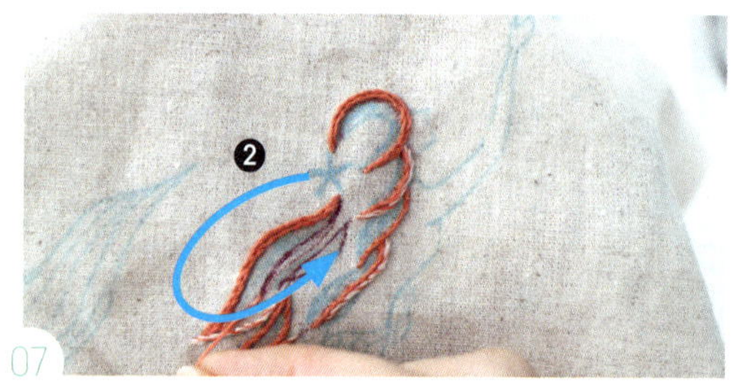

❷화살표를 따라 테두리 안쪽으로 아웃라인 스티치를 합니다. DMC350(2) 계속

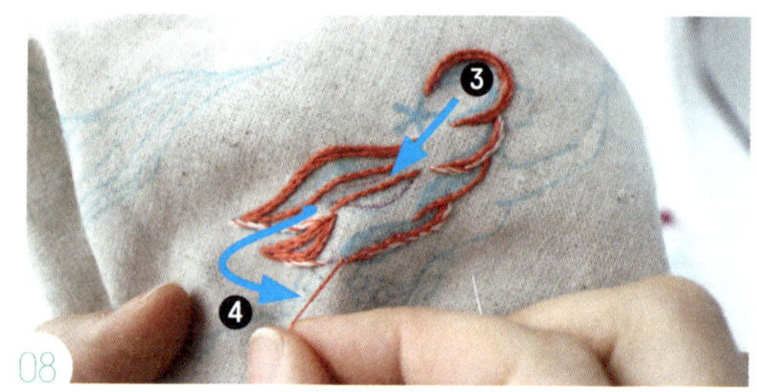

❸, ❹화살표를 따라 순서대로 아웃라인 스티치를 하세요. DMC350(2) 계속

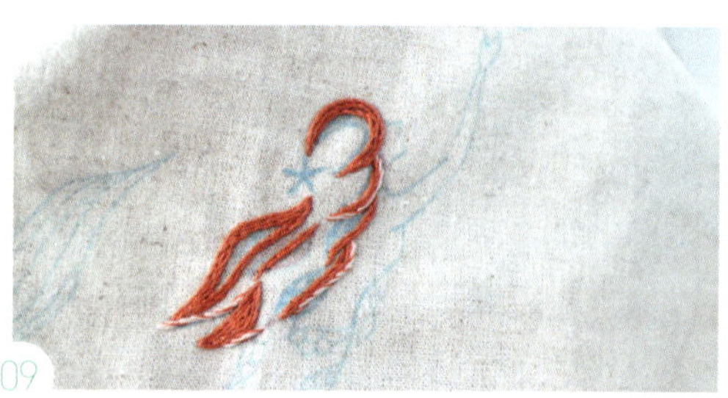

원을 그리듯 6~8번의 순서로 반복해 채워줍니다. DMC350(2) 계속

머리카락이 채워지는 모습이 보이시나요?

머리카락이 다 채워졌으면 마무리 합니다.

12

꼬리는 오른쪽 부분을 먼저 할게요. 보라색으로 표시된 부분을 하프 백 스티치 합니다.

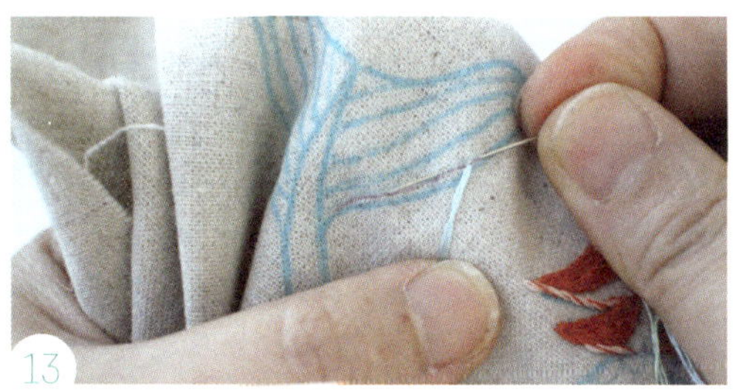

13

바깥쪽에서 시작해서 안쪽 방향으로 합니다. Anchor 1345(2)

14

이어서 다음 줄을 안쪽에서 바깥 방향으로 체인 스티치 합니다. Anchor 1345(2) 계속

15

하프 백 스티치 와 체인 스티치를 왕복했습니다. 선을 따라 반복하여 꼬리를 채워줍니다 Anchor 1345(2) 계속

16

한쪽이 채워졌어요.

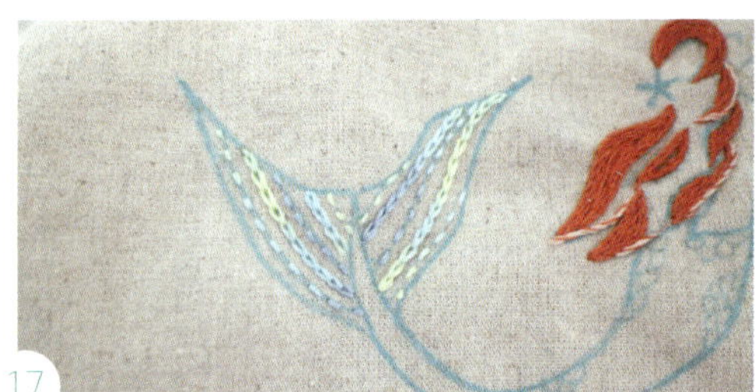

17

반대쪽도 같은 방법으로 채웁니다.

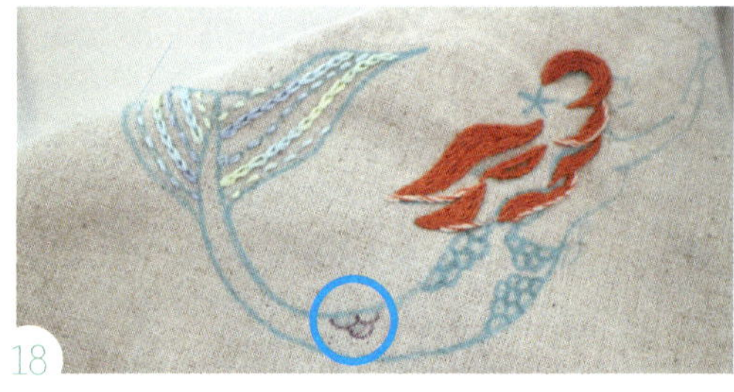

18

몸통의 비늘부분입니다. 표시한 곳부터 시작하여 오른쪽으로 옮겨가며 합니다.

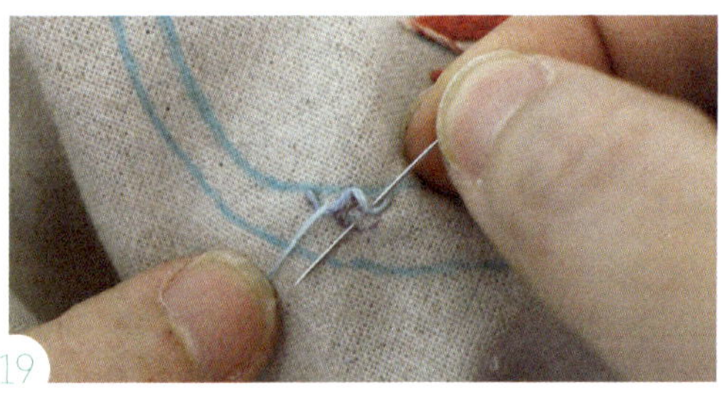

19

플라이 스티치를 옆으로 두 개 놓은 후 아래로 내려가서 한 개 놓아주세요. Anchor 1345(2)계속

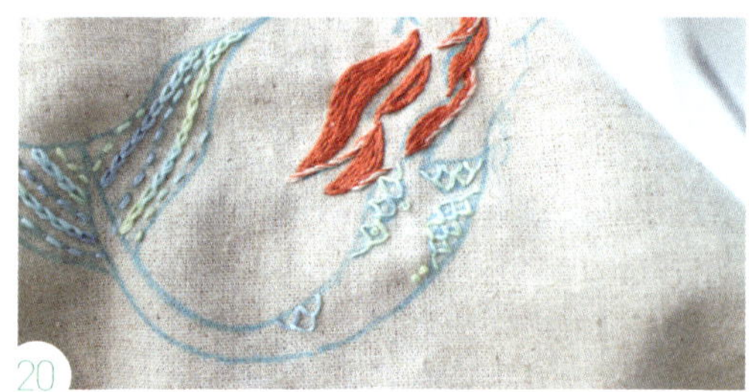

20

같은 방법으로 비늘을 수놓은 후 남은 실로 프렌치 노트 스티치를 수놓아 주세요. Anchor 1345(2) 계속

21

실을 바꿔 Anchor 1344(2) 꼬리 쪽부터 색깔에 변화를 주며 프렌치 노트 스티치를 수놓습니다. 촘촘하지 않게, 듬성듬성 수놓아야 예쁘겠죠?

22

실을 바꿔 DMC 4030(2) 꼬리 쪽은 촘촘하게 몸통으로 갈수록 듬성하게, 실 색깔을 변화 시키며 프렌치 노트로 수놓아요.

23

아웃라인 스티치로 테두리를 그려줍니다. DMC 4030(3) 부족한 부분이나 색이 있다면 테두리 후 남은 실을 이용해 프렌치 노트 스티치로 채우고 마무리합니다.

24

팔 DMC 4000(1) 아웃라인과 얼굴DMC 4000(1) 백, 물방울 Anchor 1344(2) 서클 버튼홀 머리장식 DMC 208(2) 리브드 스파이더 웹 + DMC 743(2) 프렌치 노트 등 나머지 부분도 스티치 합니다. 아름다운 인어공주가 완성!

바다의 유니콘이라 불리는 해마.

실제 존재하는 바다생물이지만 생김새와 희귀성 때문에 신비로운 동물로 일컬어지지요.

여기서는 깊은 바닷물의 색을 담은 해마를 수놓았습니다. 먼저 해마의 긴 척추와 동그란 꼬리뼈 DMC 4030(4)를 체인 스티치로 수놓아 중심을 잡고, 네 가지 색 DMC 964, 598, 747, 3823을 이용해 양 옆으로 수놓아 갑니다.

버블의 서클 버튼홀은 중심점을 위쪽으로 치우치게 하세요. 물방울이 올라가는 느낌이 납니다.

02

BUBBLE BUBBLE

Size 95 X 125 mm **원단** 화이트 린넨

사용한 실 DMC 25번사 4030, 964, 598, 747, 3823, 351, 352, 353, 4420, 4000

사용한 스티치 체인, 백, 버튼홀, 새틴, 서클 버튼홀, 프렌치 노트, 리프, 리브드 스파이더 웹, 아웃라인, 레이지 데이지, 디테치드 버튼홀, 하프 백, 스트레이트

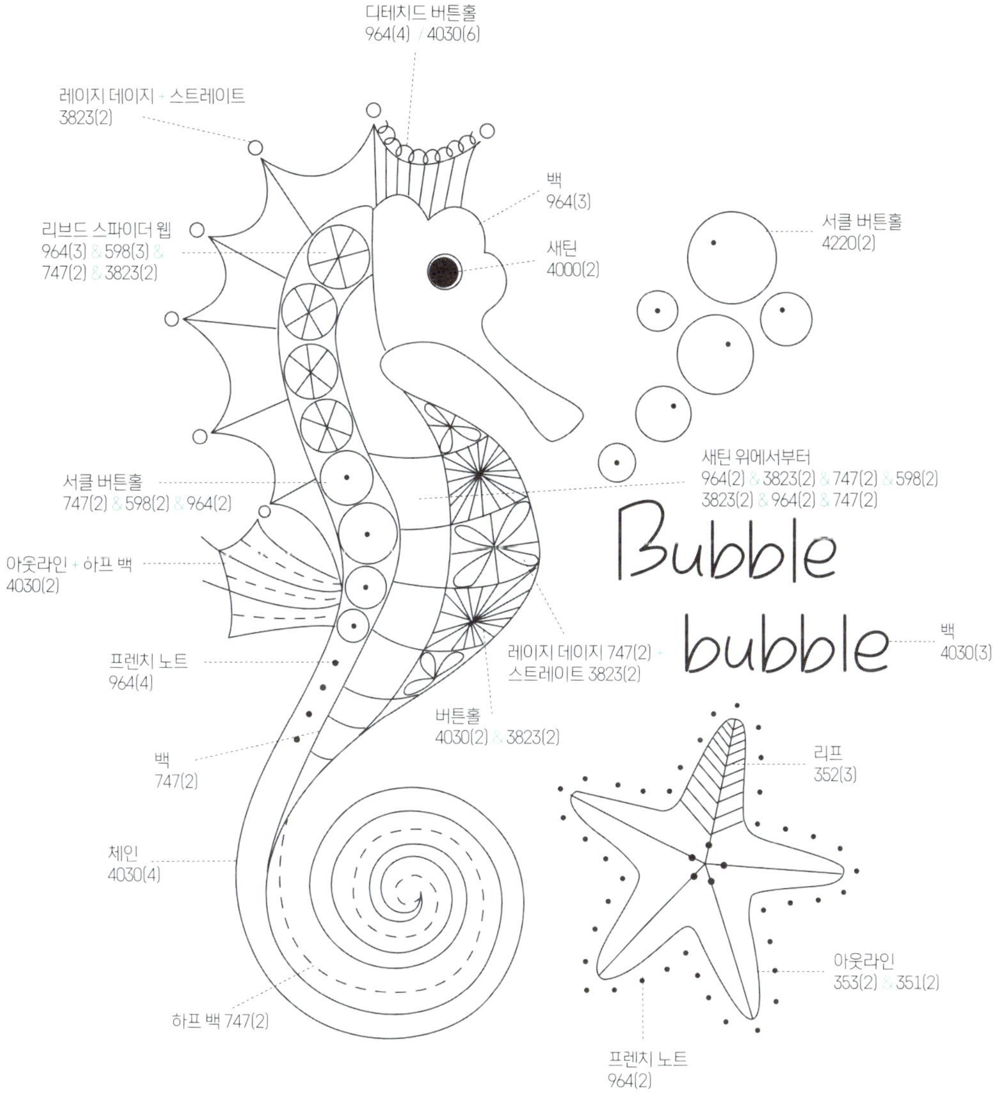
디테치드 버튼홀
964(4) / 4030(6)
레이지 데이지 + 스트레이트
3823(2)
백
964(3)
리브드 스파이더 웹
964(3) & 598(3) &
747(2) & 3823(2)
새틴
4000(2)
서클 버튼홀
4220(2)
서클 버튼홀
747(2) & 598(2) & 964(2)
새틴 위에서부터
964(2) & 3823(2) & 747(2) & 598(2)
3823(2) & 964(2) & 747(2)
아웃라인 + 하프 백
4030(2)
Bubble
bubble
백
4030(3)
프렌치 노트
964(4)
레이지 데이지 747(2) +
스트레이트 3823(2)
버튼홀
4030(2) & 3823(2)
백
747(2)
리프
352(3)
체인
4030(4)
아웃라인
353(2) & 351(2)
하프 백 747(2)
프렌치 노트
964(2)

바다 속 친구들을 즐겁게 수놓아볼까요?

해마, 조가비, 불가사리와 수초까지.

앞에서 수놓았던 모티프들을 조금 더 간단하게 표현해 보았어요.

깊은 바다를 표현하고 싶다면 파도를 높이 올려 수놓아 주세요.

Under the Sea

03

UNDER THE SEA

Size 120 X 160 mm **원단** 내추럴 색 하프 린넨

사용한 실 DMC 25번사 209, 4020, 518, 819, 3819, 550, 4120, 937, 731, 746, 1320, 1345(A)

사용한 스티치 체인, 백, 레이지 데이지 새틴, 버튼홀, 프렌치 노트, 리프, 아웃라인, 디테치드 버튼홀, 하프 백, 스트레이트, 롱앤숏, 페더

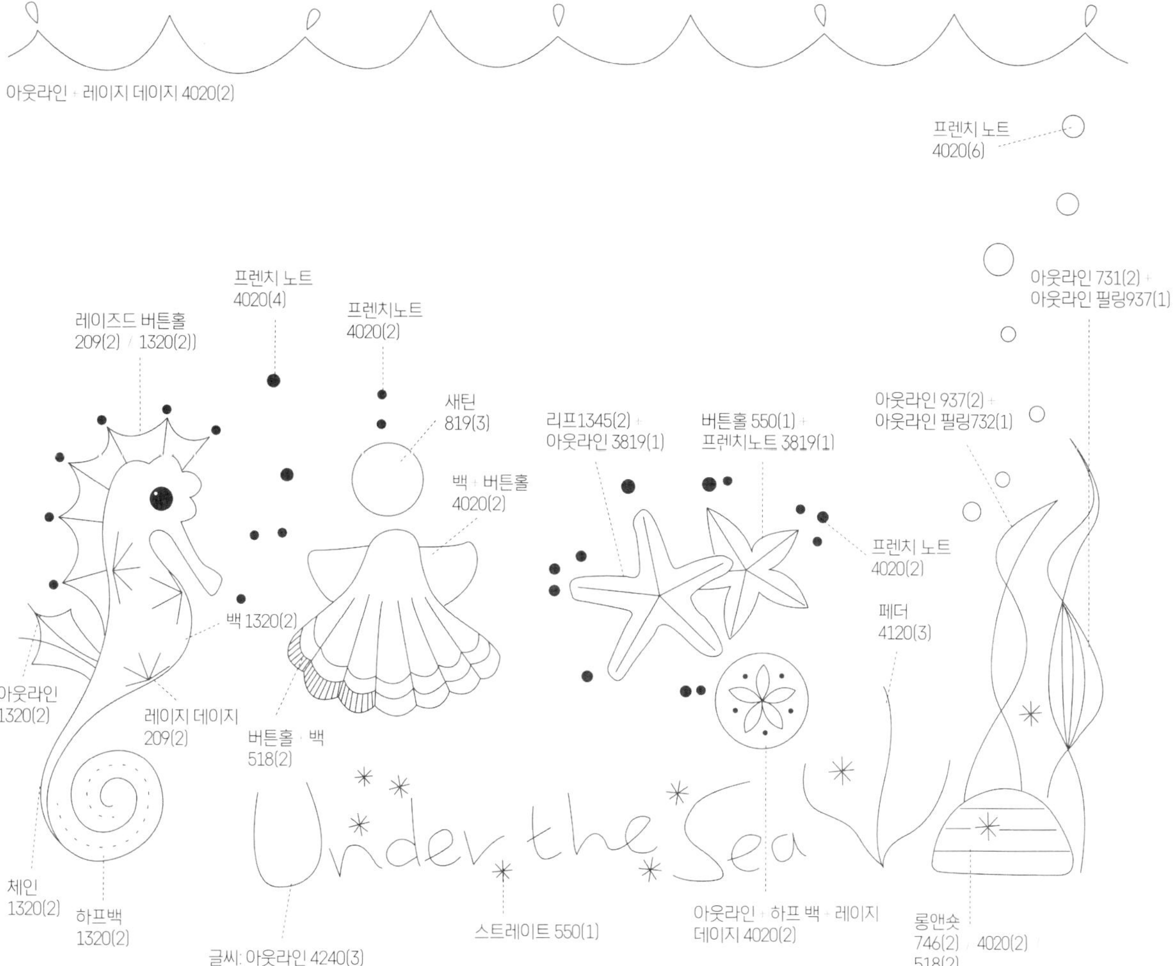
아웃라인 + 레이지 데이지 4020(2)
프렌치 노트 4020(6)
아웃라인 731(2) + 아웃라인 필링937(1)
프렌치 노트 4020(4)
레이즈드 버튼홀 209(2) / 1320(2))
프렌치노트 4020(2)
새틴 819(3)
리프1345(2) + 아웃라인 3819(1)
버튼홀 550(1) + 프렌치노트 3819(1)
아웃라인 937(2) + 아웃라인 필링732(1)
백 + 버튼홀 4020(2)
프렌치 노트 4020(2)
페더 4120(3)
백 1320(2)
아웃라인 1320(2)
레이지 데이지 209(2)
버튼홀 + 백 518(2)
Under the Sea
체인 1320(2)
하프백 1320(2)
글씨: 아웃라인 4240(3)
스트레이트 550(1)
아웃라인 + 하프 백 + 레이지 데이지 4020(2)
롱앤숏 746(2) / 4020(2) 518(2)

열대 바다에 사는 물고기 친구들입니다.

니모로 유명한 흰동가리와 나비고기들의 아름다운 색깔을 상상해보세요.

열대 바다를 누비며 아름다움을 뽐내는 물고기답게 컬러의 대비는 뚜렷하게 하고,
아기자기한 스티치들로 화려함을 더합니다.
다양한 스티치가 섞여있어 수놓는 재미도 있답니다.

여기서는 바느질 번호를 표시했어요.
순서대로 따라하면 더욱 완성도 높은 물고기 친구들이 완성될 거예요.

04

트로피컬

Size 73 X 140 mm **원단** 인디고 스카이 블루 하프 린넨

사용한 실 DMC 25번사 blanc, 721, 4124, 310, 846, 209, 550, 743, 1345(A)

사용한 스티치 체인, 백, 버튼홀, 레이지 데이지 새틴, 프렌치 노트. 아웃라인, 디테치드 버튼홀, 스트레이트, 롱앤숏, 서클 버튼홀, 헤링본, 리브드 스파이더 웹, 카우치드 트렐리스, 카우칭

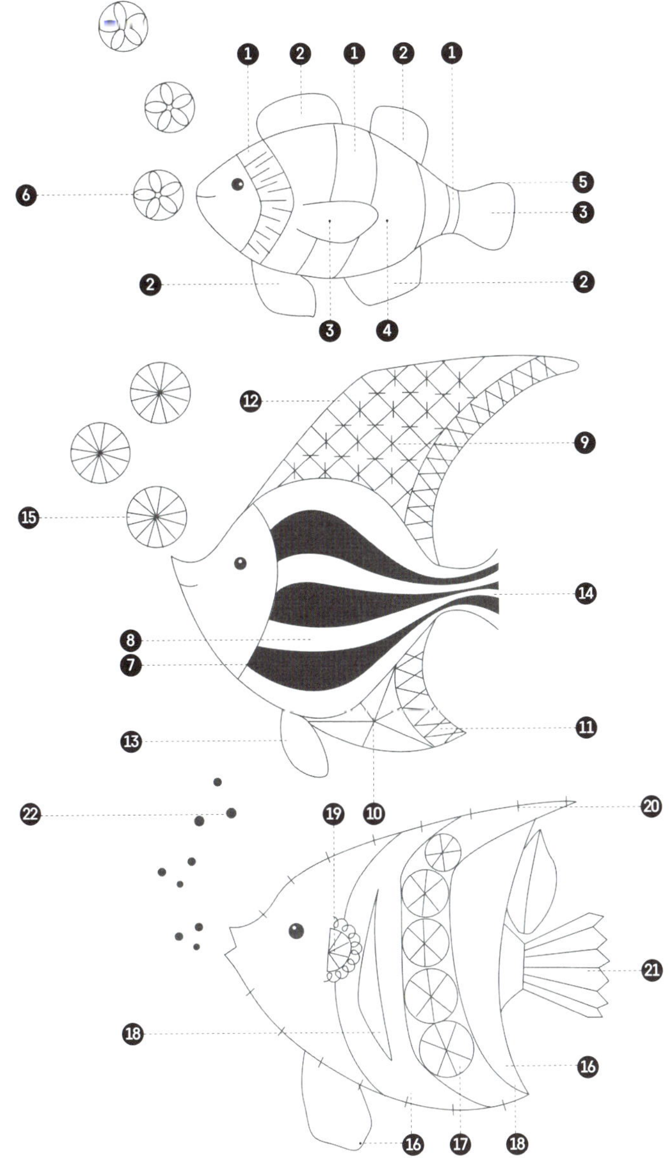

❶ 흰 줄무늬 버튼홀 왕복 blanc(2) ❷ 등+배 지느러미 버튼홀 721(2) ❸ 가슴+꼬리 지느러미 롱앤숏 721(2) ❹ 몸통 아웃라인 필링 4124(2) ❺ 검은 테두리 아웃라인 310(1) & blanc(1) ❻ 물방울 레이지 데이지 blanc(2) ❼ 몸통+꼬리 체인 필링 846(2) ❽ 몸통+꼬리 아웃라인 필링 1345(2) ❾ 날개 지느러미 카우치드 트렐리스 209(2) / blanc(2) ❿ 날개 지느러미 스트레이트 209(2) / blanc(2) ⓫ 헤링본 209(2) ⓬ 테두리 아웃라인 550(2) ⓭ 배 지느러미 피쉬본 209(2) ⓮ 꼬리 지느러미 끝 스트레이트 550(2) ⓯ 물방울 서클 버튼홀 1345(2) ⓰ 아웃라인 필링 310(2) ⓱ 리브드 스파이더 웹 blanc(2) ⓲ 아웃라인 blanc(2) ⓳ 아가미 디테치드 버튼홀 743(2) ⓴ 테두리 카우칭 301(6) / 743(2) ㉑ 꼬리 지느러미 체인 743(2) + 레이지 데이지 209(2) ㉒ 물방울 프렌치 노트743(2)

사랑스런 물고기 핀쿠션

앞에서 배운 도안을 응용하여, 예쁜 자수 소품을 만들어볼까요?

Size 지름 100 mm **원단 및 재료** 화이트 린넨

사용한 실 DMC 25번사 4501, 금사, 581, 550, 959, 350, 964, 1318(A), 1344(A)

사용한 스티치 플라이, 프렌치 노트, 아웃라인, 체인, 더블 레이지 데이지, 버튼홀, 백, 레이지 데이지

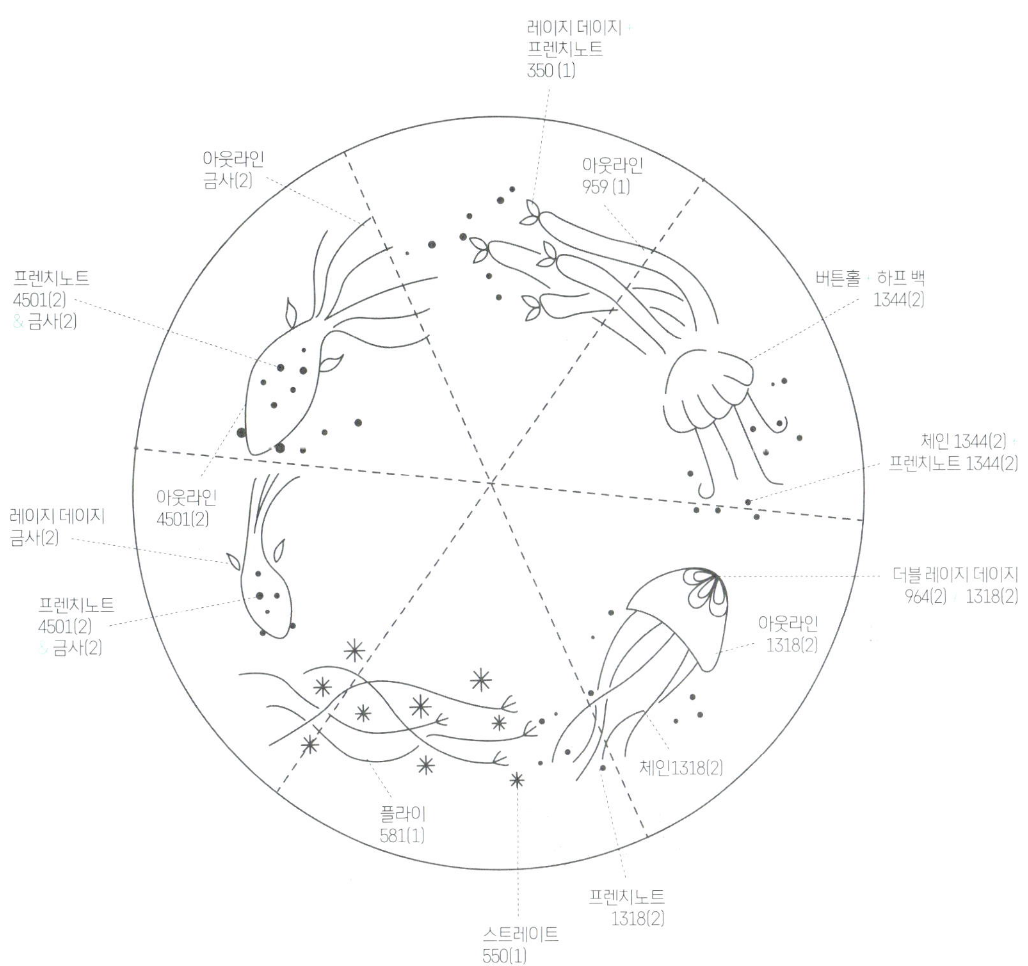
레이지 데이지 +
프렌치노트
350 (1)
아웃라인
금사(2)
아웃라인
959 (1)
프렌치노트
4501(2)
& 금사(2)
버튼홀 + 하프 백
1344(2)
체인 1344(2) +
프렌치노트 1344(2)
아웃라인
4501(2)
레이지 데이지
금사(2)
프렌치노트
4501(2)
& 금사(2)
더블 레이지 데이지
964(2) + 1318(2)
아웃라인
1318(2)
체인1318(2)
플라이
581(1)
프렌치노트
1318(2)
스트레이트
550(1)

왕자님의 함선 필통

앞에서 배운 도안을 응용하여, 예쁜 자수 소품을 만들어볼까요?

Size 190 X 55 X 55 mm **원단 및 재료** 사파이어민트 하프 린넨, 체크무늬 하프 린넨, 25cm 지퍼, 페브릭 테이프

사용한 실 DMC 25번사 4000, 746, 817, 841, 743, 519, 964, 211, 4030

사용한 스티치 버튼홀, 아웃라인, 헤링본, 플라이, 새틴, 프렌치 노트 , 아웃아인 필링

아웃라인 4030(2)
플라이 746(3)
물결: 아웃라인 519(2)
& 964(2) & 211(2)
새틴
817(1)
아웃라인
4000(2)
헤링본 746(3)
아웃라인 841(1)
버튼홀 4000(3)
아웃라인
4000(3)

/ 유치하고 이유 없는 작업

어린이가 아니었던 어른은 없습니다.

마냥 어리석고 때로는 유치하게 느껴지는 어린이의 눈과 마음이
복잡한 세상을 살아가는 어른에게 힘이 되어줄 때도 있답니다.

프랑스 자수를 하다보면 종종 이런 질문을 하는 분들이 계세요.

" 어디에 쓰려고 수를 놓으세요? "
" 그것으로 뭘 만드실 거예요? "

하지만 그림을 그리고 꽃을 가꾸는데 이유가 필요하지 않듯이 프랑스자수를 하는 시간에도 이유가 필요하지 않습니다.
그리고 그 이유 없음이 바로 프랑스자수의 매력이기도 하지요.

유치하고 이유 없는 작업.

그런 시간이 모여 생활을 풍요롭게 하고, 우리를 더 단단하게 지지해 준다는 걸 저는 프랑스자수를 통해 배웠답니다.
그 소소한 작업을 여러분과 나누고 소개하는 일. 제게 요즘 가장 즐겁고 중요한 일입니다.

그리고 이 책은 그 한 조각입니다.

friends

마담 세숄의

프랑스 자수로 그린 동화

1판 1쇄 인쇄 2017년 9월 25일
1판 1쇄 발행 2017년 9월 30일

지 은 이 유지연
발 행 인 이미옥
발 행 처 아이생각
정　　가 16,000원
등 록 일 2003년 3월 10일
등록번호 220-90-18139
주　　소 (04987) 서울 광진구 능동로 32길 159
전화번호 (02)447-3157~8
팩스번호 (02)447-3159

978-89-97466-42-9 (13630)
I-17-09

www.ithinkbook.co.kr